Eine Bildreise

Konrad Dittrich / Michael Pasdzior / Ellert & Richter Verlag

Korfu und die Ionischen Inseln

Konrad Dittrich, geb. 1947, studierte einige Semester in den USA und erlernte in Bremen das Journalistenhandwerk. Seine Spezialgebiete waren und sind die Bereiche Kultur und Reise. Seit 1979 in Lübeck ansässig, berichtet er ständig für Agenturen und Zeitungen. Veröffentlichung mehrerer Reiseführer, darunter im Ellert & Richter Verlag die Bände „Holsteinische Schweiz und Ostseeküste"
und „Lübeck und Travemünde".

Michael Pasdzior, geb. 1951, ist seit 1981 als freier Fotograf tätig. Er lebt und arbeitet in Hamburg. Viele Veröffentlichungen in nationalen und internationalen Zeitungen, z.B. Zeit-Magazin, SZ-Magazin, Merian, Vogue sowie Autor verschiedener Bücher. Zahlreiche Ausstellungen im gesamten Bundesgebiet. Für den Ellert & Richter Verlag fotografierte er den Reise- und Naturführer „Holsteinische Schweiz und Ostseeküste".

Titelabbildung:
Schiffswrack am Strand von Zákynthos

Bildnachweis:
Farbfotos:
Michael Pasdzior, Hamburg

Abbildungen im Textteil:
Bildarchiv Preußischer Kulturbesitz, Berlin: S. 6, 7, 32, 62, 64, 64/65, 85
Griechische Zentrale für Fremdenverkehr, Frankfurt/M.: S. 20
Michael Pasdzior, Hamburg: S. 21, 28, 29, 45, 46/47 oben u. unten
Süddeutscher Verlag, Bilderdienst: 30, 31, 33 links u. rechts, 82, 83, 84

Die Deutsche Bibliothek - CIP-Einheitsaufnahme

Korfu und die Ionischen Inseln / Konrad Dittrich/Michael Pasdzior. – Hamburg: Ellert und Richter, 1996
(Eine Bildreise)
ISBN 3-89234-629-1
NE: Dittrich, Konrad; Pasdzior, Michael

Text und Bildlegenden: Konrad Dittrich, Lübeck
Gestaltung: nach Entwürfen von Hartmut Brückner, Bremen
Lektorat: Kerstin Schmidt, Hamburg
Lithographie: Lithotec Oltmanns, Hamburg
Satz: appelt mediaservice, Hamburg
Karten: Griechische Zentrale für Fremdenverkehr, Frankfurt/M. © Chartographica Hellenica
George D. Tsopelas
Druck: Girzig + Gottschalk, Bremen
Bindung: S. R. Büge, Celle

Inhalt

Ta Eptánisa – „Die sieben Inseln" nennen die Griechen die Gruppe der Ionischen Inseln. Sieben Inseln: Man hat Diskussionsstoff für einen ganzen Abend, wenn man in einer Taverne auf Korfu, Zákynthos oder Kephalloniá die griechischen Nachbarn bittet, die sieben doch einmal namentlich aufzuzählen. Bei fünf oder sechs Inselnamen herrscht eitel Einigkeit. Dann aber geraten die Insulaner aneinander. „Mathráki", schlägt einer vor, „Antípaxi" ein anderer. Othóni bringt der nächste ins Spiel. Eine heftige Diskussion ist im Gange – laut, temperamentvoll, levantinisch. Dabei zählen zu den Ionischen weit mehr als sieben Inseln. Mindestens ein Dutzend kleiner, zum Teil nicht einmal bewohnter, zum Teil privater Eilande gehört darüber hinaus dazu. Der Fremde mag daraus den Schluß ziehen, daß bei den Griechen, die dem Abendland einst die Gesetze mathematischer Logik beibrachten, Logik in unserem Sinne wenig gilt: sieben kann auch zwanzig heißen.

Die Namen der offiziellen Sieben lauten übrigens – von Nord nach Süd – Korfu, Páxi, Kephalloniá, Ithaka, Zákynthos, Lefkáda und Kíthira (Kythera). Die „verflixte Siebente", um die der Streit in der Taverne entbrannte, ist Kíthira. Sie liegt so weit vom Ionischen Meer entfernt, zwischen dem Festland und Kreta, daß sie verwaltungsmäßig inzwischen der Peloponnes zugeschlagen wurde. In einer entscheidenden Phase der neueren Geschichte aber, kurz bevor die Stunde der Freiheit schlug, wurde der Begriff der „Vereinigten Staaten der Sieben Ionischen Inseln" geprägt; und damals, um 1815, zählte man Kíthira dazu.

Die Ionischen Inseln, heute in die Präfekturen Korfu, Kephalloniá, Lefkáda und Zákynthos unterteilt, bilden in sich keine Einheit. Alle sind nach Athen ausgerichtet, von wo die finanziellen Mittel fließen - falls das Geld überhaupt so weit in die Provinz gelangt. Auch die Fährverbindungen zielen zum Festland, weil das Passagieraufkommen dorthin größer ist als zwischen den Inseln.

Außerhalb der Saison kann es ausgesprochen schwierig oder zumindest zeitraubend sein, wenn man die Inseln der Reihe nach besuchen will. Aber wer kommt schon auf eine solche Idee? Griechen bestimmt nicht. Wer zum Beispiel von Zákynthos zur Nachbarinsel Kephalloniá reisen will, die man von der Nordspitze her sehen kann, muß zurück auf die Peloponnes und verliert unter Umständen einen Tag, ehe er weiterfahren kann. Aber was heißt schon verlieren? „Wenn ich drei Stunden auf ein Schiff warten muß, habe ich drei Stunden gewonnen, um in Ruhe die Gegend zu betrachten", erklärte mir ein alter Grieche weise lächelnd.

Tragflächenboote habe man zwischen den Inseln einsetzen wollen, berichtete eine Mitarbeiterin des Fremdenverkehrsamtes EOT in Korfu-Stadt. Es rentiere sich jedoch nicht, allenfalls in der Hochsaison. Aber auch dann schweben die meisten Besucher mit dem Flugzeug ein, bleiben zwei oder drei Wochen auf einer Insel, genießen alles pauschal, Strand und Mahlzeiten inbegriffen. Die meistbesuchte, die reichste Insel der Gruppe, wenn auch nicht die größte, ist Korfu.

Korfu: Ein weiteres abendfüllendes Gesprächsthema wäre die Frage, woher der Name kommt, oder was er bedeutet. Scheria, S-cheria gesprochen, heißt die Insel bei Homer. Sie spielt in der „Odyssee" eine wichtige Rolle, ist dort die Heimat der Phäaken. Alkinoos hieß laut Homer ihr gutherziger Herrscher. Tausende von Besuchern hat Korfu schon vor Ausbruch des Massentourismus gehabt. Ihr erster ist bis heute der bekannteste. Nackt wurde er ans Ufer gespült, schiffbrüchig geworden, erschöpft, weil sein Widersacher Poseidon hieß und über das Meer und wohl auch über die Stürme gebot. Poseidon hatte den von Troja heimkehrenden listenreichen Odysseus – denn um ihn handelt es sich – vernichten wollen. Mit letzter Kraft rettete Odysseus sich an einen Strand. Hier sank er vor Erschöpfung in Tiefschlaf. Als er erwachte, hörte er das Lachen von Frauen und bedeckte seine Blöße schnell mit einem Zweig.

Die Göttin Athene, die auf der Seite des Listenreichen stand und Poseidon nicht ausstehen konnte – schließlich hatte dieser ihr die Herrschaft über Athen und Attika streitig machen wollen – schickte die Königstochter Nausikaa an den Strand. Sie wollte mit ihren Freundinnen Wäsche waschen und Ball spielen. Dabei lenkte die Göttin den Ball so, daß Nausikaa den erwachenden Odysseus traf. Sie lud den Helden ins Vaterhaus ein, besorgte ihm anständige Kleidung und ein kräftiges Frühstück. Dem König erzählte Odysseus von seinem Schicksal, und daß er seine Heimat suchte, die Insel Ithaka.

Dem Manne konnte geholfen werden. Alkinoos rüstete ein Schiff, gab dem Gast sogar Geschenke mit und ließ ihn nach Ithaka übersetzen, das schließlich nicht allzu weit entfernt war. Wütend sah Poseidon – damals kannten die Götter menschliche Gefühle –, daß sein Feind nach Hause gefunden hatte. Rache nahm der Gotte der Meere an den freundlichen Phäaken. Er verwandelte das Schiff und die Mannschaft bei ihrer Rückkehr in eine Felseninsel, just als sie in der Nähe des Heimathafens waren, und Scheria oder Korfu schon zum Greifen nahe lag. Heute heißt das Eiland Pontikonísi oder „Mäuseinsel" und

Der griechische Dichter Homer beschrieb im 8. Jahrhundert v. Chr. den Trojanischen Krieg und die Irrfahrten des listenreichen Odysseus auf der Suche nach seiner Heimatinsel Ithaka. Die hier abgebildete Marmorbüste steht im Kapitolinischen Museum in Rom.

ist ein beliebtes Ausflugsziel für die Touristen. Von dunklen Zypressen bestanden, mit einer Kapelle bebaut, soll die Insel Arnold Böcklin als Modell für dessen düsteres Gemälde „Toteninsel" gedient haben. Die Geschichte läßt sich schön erzählen, wenn man von Kanóni in der Nähe von Korfu-Stadt auf die Insel niederblickt. Da Böcklin nach den Berichten seiner Biographen nie auf Korfu war, gehört sie allerdings ins Reich der Legenden.
Der Name Scheria verschwand. Wo die Stadt des Alkinoos auf Korfu zu suchen ist, konnte noch nicht nachgewiesen werden. Drei Orte sind noch im Rennen um diesen Ruhm: Kassiópi im Norden, wo die Römer 229 v. Chr. einen Hafen anlegten, Paläópolis in der Nähe der heutigen Hauptstadt und Paläokastrítsa im Westen.
Drepanon lautete eine weitere alte Bezeichnung für Korfu. Drepanon heißt „Sichel", und sichelförmig liegt Korfu vor dem albanisch-epirotischen Festland. Die Stadt kehrt dem weiten Ionischen Meer den Rücken zu, öffnet sich zu den Bergen des Balkans hin, von denen sie nur wenige Kilometer der Meerenge trennen. Sie liegt da, wo bei einer Sichel der Griff in die Schneide übergehen würde, ungefähr in der Mitte ihrer Länge von rund 60 Kilometern.
Die meisten Sprachforscher leiten den Namen Korfu vom griechischen Koryphés ab, was „Gipfel" bedeutet. Gemeint seien die beiden Felsköpfe am alten Hafen, die die Republik Venedig im 14. und 16. Jahrhundert zu Festungen ausbaute, erklären die Gelehrten. Koryphés war also ursprünglich wohl nur die Bezeichnung für die Stadt. Aus dem Namen machten die Fremden später Korfu beziehungsweise Corfu, was sich freilich nur in deutschen oder englischen Prospekten so liest. Die Griechen nennen die Insel und ihre Hauptstadt Kérkyra, abgeleitet vom antiken Korkyra.
Dieser Name stammt angeblich von einer schönen Frau. Korkyra war eine Nymphe, Tochter des Flußgottes Asopos. Poseidon liebte sie, entführte sie und schenkte ihr zum Beweis seiner Liebe die Insel. Aus der Vereinigung der beiden ging Phäax hervor, der Stammvater der Phäaken, womit wir wieder bei Homer wären.

Odysseus war also der erste prominente Fremde; viele weitere folgten. Zum Teil geschah das noch in grauer Vorzeit. So sollen Jason und Medea in einer Höhle auf Korfu vermählt worden sein. In geschichtlicher Zeit kamen Cato, Cicero, Tiberius, Nero und Hadrian. Sie wählten den Inselaufenthalt nicht zur Erholung, sondern als Zwischenstation auf der Reise in die Ostprovinzen Roms. Napoleon begeisterte sich für die strategisch günstige Lage. Während seiner Glanzzeiten gehörte Korfu zum französischen Machtbereich. „Mit Malta und Korfu müßten wir die Herren des Mittelmeeres sein", notierte der Kaiser und schrieb an Talleyrand: „Ich halte dafür, daß die Maxime der französischen Politik sein sollte, Korfu, Zante usw. nie wieder aufzugeben." Zante, das war der italienische und französische Name für das heutige Zákynthos. Die französische Epoche währte nur kurze Zeit, war eher eine Episode. Genauso konnten die Türken, die das übrige Griechenland für 400 Jahre besetzt hielten, auf Korfu nicht lange Fuß fassen.
Prominente Besucher der neueren Geschichte sind Oscar Wilde, Henry Miller, Gerald und Lawrence Durrell. Sie setzten der Insel literarische Denkmäler; so wie die Maler Alfred Sisley und Edward Lear die Insel mit ihren Mitteln verewigten. Lawrence Durrell, der vor dem Zweiten Weltkrieg mehrere Jahre auf Korfu lebte, ist sogar überzeugt, daß Shakespeares tiefsinniges Märchendrama „Der Sturm" nur hier spielen kann. Shakespeare läßt in diesem, seinem letzten Werk für die Bühne, den alten Prospero schwärmen: „Die Insel ist voll Lärm, voll Tön' und süßer Lieder, die ergötzen und niemand Schaden tun." Vor allem aber kamen um die Jahrhundertwende zwei Besucher königlichen Geblüts, die hierzulande jeder kennt. Hätte man damals schon die Graffiti-Kunst gekannt, läse man heute vielleicht an mancher Mauer „Sissi was here" oder „Hier geruhten Majestät abzusteigen". Gemeint sind Elisabeth, die Kaiserin von Österreich, Gemahlin Kaiser Franz Josephs I., und der deutsche Kaiser Wilhelm II. Über sie wird später zu berichten sein.

Die Königstochter Nausikaa fand den gestrandeten Kämpfer Odysseus am Ufer des Meeres. Am Hof ihres Vaters Alkinoos wurde der Ruhelose freundlich aufgenommen und zur Heimfahrt ausgerüstet.

B

izarre Felsformationen findet der Besucher bei Sidári im Nordwesten Korfus. Die Sandsteingebilde stürzen an manchen Stellen mit glatten Abbruchkanten senkrecht ins Meer, bilden an anderen Abschnitten kleine Strandbuchten, die im Sommer gern für Badeausflüge genutzt werden. Da der Sandstein weich ist, verändert sich die Landschaft durch die rauhen Winterstürme von Jahr zu Jahr. Mit gemieteten Tretbooten kann man zwischen den Felsen hindurchfahren. Sidári selbst ist ein lebendiger Touristenort, in dem in der Hochsaison die Betten knapp sind.

Einer der malerischsten Orte auf Kephalloniá ist das Dorf Asos im Norden der Insel, am Golf von Mirtos gelegen. In Serpentinen windet sich die Abzweigung von der Landstraße Argostóli – Fiskárdo hinab nach Asos. Die kleine Halbinsel jenseits der schmalen Landzunge wird von den Mauern einer großen venezianischen Festung vom Ende des 16. Jahrhunderts geprägt. Die Stimmung in Asos ist bei Sonnenuntergang besonders schön.

Im Osten und Süden der Insel Zákynthos hat sich an den Küsten der Tourismus entwickelt, während zahlreiche Küstenabschnitte im Westen felsig und unzugänglich sind. Von Straßen und Wegen, die zu kleinen Küstenorten führen, hat man jedoch immer wieder herrliche Ausblicke auf das tiefblaue Ionische Meer und die kreidig weißen Felsen. Zusammen mit kleinen Stränden und winzigen Badebuchten gestaltet sich auch der Westen zu einem Ausflugsparadies, bei dem auf jeden Fall das Auge auf seine Kosten kommt.

Nidri mit seinen flachen Stränden, die sich auch für einen Familienurlaub eignen, ist der meistbesuchte Touristenort der Insel Lefkáda. Die Bucht von Nidri öffnet sich in weitem Bogen nach Osten. Mehrere kleine Inseln sind ihr vorgelagert, darunter Skorpios, die Insel der Reederfamilie Onassis. Vom südlichen Ortsausgang sieht man gegenüber die Spitze der Halbinsel Prínos, auf der der deutsche Archäologe Wilhelm Dörpfeld wohnte. Dörpfeld behauptete, Homers Ithaka sei nicht die gleichnamige Insel, sondern Lefkáda. Bei der Kirche Agía Kyriakí liegt er begraben.

Nur eine Viertelstunde mit dem Auto oder dem Bus von Korfu-Stadt entfernt liegt der Ausflugsort Kanóni. Von der Plattform neben der Endstation der Busse hat man einen prachtvollen Ausblick auf die Lagune. Im Vordergrund liegt auf einer Insel das Kloster der Panagía Vlachérnes, das durch einen Steg mit dem Land verbunden ist. Links dahinter sieht man die berühmte „Mäuseinsel", Pontikonísi, die angeblich Arnold Böcklin zu seinem Gemälde „Toteninsel" angeregt hat. Sie ist nur per Boot erreichbar. Auf der gegenüberliegenden Seite der Bucht findet man Villen und Ferienhotels, zum Beispiel in Pérama.

Parga, die kleine Stadt auf dem Festland, ist einen Tagesausflug wert, wenn man auf Korfu Urlaub macht. Im Sommer verkehren täglich Boote, die für die Überfahrt knapp drei Stunden brauchen. Wer die Badehose mitnimmt, kann südlich der Kleinstadt im Epirus ins Wasser springen. Falls man einen Bummel zwischen den Häusern der höhergelegenen Teile der Stadt vorzieht, erreicht man schließlich die Ruinen einer venezianischen Burg. Sie wurde um 1570 zum Schutz gegen die Türken errichtet. Am Wasser entlang findet man zahlreiche Cafés und Tavernen, so daß man sich den Ausflugstag mit angenehmem Nichtstun und Schauen vertreiben kann. Parga ist insbesondere bei Engländern als Urlaubsort beliebt.

Schon aus der Bronzezeit, um 2000 v. Chr. sind Siedlungsspuren auf Korfu gefunden worden. Ins hellere Licht der Geschichte trat die Insel mit dem Jahre 734 v. Chr. Damals gründeten die Korinther eine Niederlassung auf der Insel, die sie Korkyra tauften. Von dieser Siedlung, Paläópolis genannt, was übersetzt „Alte Stadt" bedeutet, sind südlich der heutigen Hauptstadt, in der Nähe des Dorfes Kanóni, deutliche Spuren gefunden worden: das Rundgrab des Herrschers Menekrates (um 590 v. Chr.) sowie in der Nähe des Klosters Agii Theodori die Grundmauern eines Tempels der Göttin Artemis aus der gleichen Zeit. Die korinthischen Siedlungen auf Korfu entwickelten sich offenbar sehr gut. Sie wurden so reich und mächtig, daß ihre Herrscher selber Kolonien gründeten. Da die Korinther dies als Konkurrenz betrachteten und unterbinden wollten, kam es 664 zum Krieg zwischen Korinth und Korkyra, zur ersten innergriechischen Seeschlacht der Geschichte, bei der die Korinther eine empfindliche Niederlage erlitten.

Die Spannungen bestanden über Jahrhunderte weiter, was auch daraus ersichtlich ist, daß die Korkyraer im Jahre 432 Athen gegen Korinth um Hilfe baten. Dies ist einer der Gründe für den Peloponnesischen Krieg, den „Dreißigjährigen Krieg der Antike" (431–404 v. Chr.). Der Kampf um die Vorherrschaft auf dem Land und in der Ägäis wurde zwischen Athen und Sparta ausgetragen. Auf der Seite Spartas kämpften fast alle Stadtstaaten der Peloponnes, darunter auch Korinth. Athen hatte die Mitglieder des Attischen Seebundes als Verbündete. Dazu zählten Korkyra, Zákynthos und Kephalloniá. Der Krieg endete mit der Niederlage Athens, bedeutete aber auch für Sparta einen erheblichen Aderlaß, von dem sich die Griechen insgesamt nur langsam erholten.

Im Jahre 229 v. Chr. kamen die Römer. Sie legten einen Hafen bei Kassiópi im Norden der Insel an. Kaiser Nero besuchte diesen Ort, als er 67 n. Chr. Zwischenstation auf dem Weg nach Olympia machte. Nero hatte sich als Teilnehmer bei den Olympischen Spielen angesagt. Er wollte als Sänger auftreten. In der Antike bestanden die Spiele nämlich nicht nur aus sportlichen, sondern auch aus kulturellen Wettkämpfen. Aus Angst vor seinen jähzornigen Ausbrüchen ließen die Preisrichter den Kaiser überall gewinnen, obwohl ein Zeitgenosse berichtete, Neros Stimme habe schlimmer geklungen als die eines heiseren Raben.

Bei der Teilung des römischen Imperiums in West- und Ostrom 395 n. Chr. kamen die Ionischen Inseln zu Byzanz (Ostrom) mit der neuen Hauptstadt Konstantinopel. Während der Kreuzzüge setzten sich die aus dem Heiligen Land zurückkehrenden Franken auf Korfu fest. Robert Guiscard, ein Normanne, eroberte die Insel 1081, die Republik Venedig, deren Vertreter auf dem Vierten Kreuzzug durch die Plünderung Konstantinopels reiche Beute gemacht hatten, 1204. Zehn Jahre später, 1214, wurde Korfu von den Herrschern des Epirus besetzt. Ab 1267 gehörte die Insel den Königen von Neapel aus dem Hause Anjou.

Da die Bewohner häufig unter Überfällen muselmanischer Seeräuber aus Nordafrika oder von Piraten aus Albanien und Dalmatien zu leiden hatten, baten sie um den Schutz der venezianischen Flotte. Die Republik Venedig, immer auf die Sicherung der Handelswege nach Osten bedacht, besetzte daraufhin 1386 kurzerhand Korfu und im folgenden Jahrhundert auch die übrigen Ionischen Inseln. Sie blieben auf diese Weise von den Türken verschont, die Griechenland samt den Ägäischen Inseln von der Mitte des 15. bis zum Beginn des 20. Jahrhunderts besetzt hielten. Moscheen findet man deshalb auf Korfu nicht. Die Insel blieb christlicher Vorposten gegenüber den moslemisch gewordenen Teilen des Balkans jenseits der Meerenge. Allerdings versuchten mehrere Sultane, Korfus Mauern zu bezwingen, zum Beispiel Suleiman der Prächtige 1537, seine Nachfolger 1570 und 1716 bei der großen Belagerung, die in die jüngere europäische Geschichte eingegangen ist. An ungeschützten Orten der Insel wird aus dem 16. und 17. Jahrhundert mehrfach von türkischen Überfällen und von

Auf dieser Ansicht aus dem 16. Jahrhundert erkennt man deutlich den Festungscharakter der Stadt Korfu. Während der venezianischen Herrschaft wurden die Befestigungsanlagen ständig ausgebaut, um türkische Angriffe, aber auch Attacken von Seeräubern erfolgreich abwehren zu können. So blieb Korfu, im Gegensatz zu Griechenland und den Ägäischen Inseln, von einer jahrhundertelangen türkischen Besetzung verschont.

Zerstörungen berichtet. Nach dem Niedergang der Republik Venedig erhielt Frankreich 1797 im Vertrag von Campoformio die Ionischen Inseln zugesprochen.
1798, als Napoleons Afrikafeldzug die französischen Truppen fern von Europa band, besetzten türkisch-russische Streitkräfte Korfu. Den Ionischen Inseln wurde im Jahre 1800 vom russischen Zaren Paul I. sogar die Selbständigkeit verliehen, und zwar unter dem Titel „Septinsulare Republik". Allerdings wurden die Inselbewohner unter den neuen Herrschern nicht glücklich. Wirtschaftlich zu schwach, um auf eigenen Füßen stehen zu können, befehdeten sich die Mächtigen der einzelnen Inseln gegenseitig. Die Korfioten wandten sich an den Zaren und baten um Intervention. 1807 wurden die Inseln an Frankreich zurückgegeben. Zwischen 1809 und 1814 besetzte Großbritannien die Inselgruppe, die ihm 1815 im Vertrag von Paris offiziell zuerkannt wurde.
Unter dem Protektorat der britischen Krone entstand ein relativ unabhängiger Staat. Die Außenpolitik allerdings bestimmte London, das durch einen Lordhochkommissar auf Korfu vertreten war. Erster Hochkommissar wurde Sir Thomas Maitland. Wegen seines autoritären Führungsstils nannten ihn die Korfioten „King Tom". Als Griechenland nach den Befreiungskämpfen 1830 ein eigener Staat geworden war – der Bayernprinz Otto, Sohn König Ludwigs I., wurde 1832 erster „König der Hellenen" – wuchs auf den Inseln der Widerstand gegen die Briten immer stärker. Oppositionelle Gruppen, wie die um Andreas Moustoxidi, kämpften für den Anschluß der Ionischen Inseln an Griechenland. Die britische Regierung wollte die Inseln „wegen der Sicherheit Europas", wie es in einer Erklärung hieß, nicht aufgeben, schlug mehrfach Reformen und mehr Mitbeteiligung der Insulaner an der Verwaltung vor. Als die Griechen 1862 ihren ersten König zur Abdankung zwangen, bekam dessen Nachfolger, der dänische Prinz Wilhelm, der als Georg I. in Athen regierte, die Ionischen Inseln von den europäischen Großmächten als Throngeschenk mitgeliefert. Im Londoner Vertrag von 1864 verzichtete Großbritannien auf seine Rechte an den Ionischen Inseln. Die „Sieben Inseln" wurden mit Griechenland vereint.

In reinem Regency-Stil wurde in Korfu-Stadt das Schloß für die britischen Gouverneure errichtet. Vor dem Palast aus gelbem Maltastein sieht man das Standbild von Sir Frederick Adam. Er residierte von 1824 bis 1832 als zweiter Lordhochkommissar auf Korfu.

Oberhalb von Asos begannen die Venezianer um 1590 mit dem Bau einer riesigen Zitadelle, die dem natürlichen Verlauf des Berges auf der kleinen Halbinsel im Norden von Kephalloniá folgt. Von der einstigen Pracht stehen nur noch Mauern und einzelne Gebäudeteile. Die Gesamtanlage aber ist nach wie vor beeindruckend mächtig. Der Blick von oben schweift hinüber zu den Bergen der größten der Ionischen Inseln. Zu Füßen liegt der kleine Ort Asos mit seinen Tavernen und Läden, rechts und links vom Wasser gesäumt.

Dem Hafen von Fiskárdo am nördlichsten Zipfel Kephalloniás vorgelagert steht der alte Leuchtturm. In seiner Nähe findet man auch die Reste einer frühchristlichen Basilika. Henry Miller nannte diese Landzunge „einen der interessantesten Orte der griechischen Inselwelt“. Die Besucher lockt eher das Fischerdorf Fiskárdo, ein idyllischer Ort mit gut erhaltenen alten Häusern inmitten dichter Bäume. Im Winter wohnen hier etwa hundert Menschen. Im Sommer machen vor allem griechische Familien Urlaub, während Ausländer meist nur als Tagesgäste kommen.

Die Fortezza Vecchia, die Alte Festung von Korfu-Stadt, wurde von den Venezianern gleich nach der Inbesitznahme der Insel Ende des 14. Jahrhunderts begonnen und später ausgebaut. Zwar sind die alten Kasernen und Verteidigungsanlagen weitgehend verfallen. Neuere Gebäude sind hinzugekommen, so die St. Georgskirche in der Bildmitte, um 1830 als Garnisonskirche der Engländer errichtet. Das Denkmal zeigt Ioannis Kapodistrias, den ersten Regenten des befreiten Griechenland. Kapodistrias wurde 1776 auf Korfu geboren und war von 1816 bis 1822 Außenminister des russischen Zaren Alexanders I. Er wurde 1831 in Nauplion auf der Peloponnes aus dem Hinterhalt erschossen.

Auch wer sein Urlaubsdomizil zehn oder 20 Kilometer außerhalb aufgeschlagen hat, wird Korfu-Stadt besuchen. Die meisten Gäste kommen sogar mehrmals. Bei den relativ geringen Entfernungen auf der Insel ist das auch mit dem Linienbus kein Problem. Es ist der Zauber der Altstadt, der jeden Urlauber auf Anhieb gefangen nimmt. Die gesamte Altstadt ist inzwischen unter Denkmalschutz gestellt worden. Sie ist damit der größte historische Baukomplex in Griechenland, dem solcher Schutz zuteil wurde. Wer durch die sogenannten Katunia, die engen, verwinkelten Gassen bummelt, wird sich auch mit einem Stadtplan in der Hand verlaufen; ganz einfach, weil nicht jede Ecke, nicht jeder Winkel exakt auf dem Papier wiedergegeben sind. Das macht jedoch überhaupt nichts. Der Wanderer kommt immer wieder am Meer aus dem Gassengewirr heraus oder trifft am oberen Teil der Esplanade auf bekanntes Terrain.

Den Zauber der Gassen, über denen wie in süditalienischen Städten die Wäsche zum Trocknen aufgehängt ist, machen hohe Bürgerhäuser, Balkone, Arkaden, venezianische Treppen aus. Auch auf den kleinsten Plätzen ist Raum für ein paar Stühle einer Bar oder eines Restaurants, so daß man schauen und genießen kann. Die Häuser sind nicht so niedrig wie sonst in Griechenland. Sie erheben sich als stolze Palazzi über viele Etagen, schmalbrüstig zwar, aber nicht selten mit eleganten Schmuckelementen versehen. Die Eleganz freilich wirkt vielerorts ramponiert. Zu den meisten Gebäuden müßte der Restaurator gerufen werden. Die morbide Lässigkeit entfaltet trotzdem einen Charme, den man meist nur in südlichen Ländern empfindet.

In den Gassen sieht man mehr italienische Restaurants als griechische Tavernen. Daneben locken Andenkenläden mit Angeboten aus hartem Olivenholz, aus Wolle, Leder und Papier. Aber auch den einfachen Gemüse- und Obsthändler mit ein paar Vogelbauern über den Auslagen, den kleinen Schlachter oder Lebensmittelladen hat man nicht aus den Flanierstraßen der Fremden verbannt. Der italienische Touch ist natürlich eine Erinnerung an die 400 Jahre währende Herrschaft Venedigs. Aber auch die Franzosenzeit, die nur von vergleichsweise kurzer Dauer war, hat bauliche Spuren hinterlassen. Das sieht man vor allen Dingen am Prachtplatz, der Esplanade, zwischen der Altstadt und den alten Festungsanlagen. Die Häuserzeile im Nordwesten des Platzes mit den schönen Arkaden stammt aus der Zeit, als die Franzosen auf Korfu herrschten. Hier sitzen die Bewohner und die Gäste tagsüber oder auch abends bei Kaffee, Eis oder Bier, lassen die großzügige Anlage auf sich wirken, erheben sich zur Volta, jenem ziellosen, aber nicht richtungslosen Bummel, bei dem man „Gott und der Welt" begegnet.

Die Esplanade ist der Haupttreffpunkt der Stadt. Mit der Spianada im Süden ist sie Griechenlands größter und großzügigster öffentlicher Platz. Einst diente die Esplanade als Exerzierplatz, wurde unbebaut gelassen, damit die Besatzung der Alten Festung im Belagerungsfalle freies Schußfeld hatte. Erst die Engländer haben den Platz in weiten Teilen in einen Park verwandelt. Vor der Arkadenzeile im Westen findet man die besten Cafés der Insel. „Liston" wird diese Reihe genannt, errichtet vom französischen Architekten Matthieu de Lesseps, der auch die Pläne zur Rue de Rivoli in Paris entwarf. Lesseps, der Architekt, ist fast vergessen. Seinen Sohn, Ferdinand de Lesseps, aber kennt jeder. Er ist der Erbauer des Suezkanals, der nach jahrzehntelangen Diskussionen Mitte des 19. Jahrhunderts entstand.

Der Esplanade vorgelagert, durch die Contrafossa, einen 15 Meter breiten Kanal, vom Platz getrennt, liegt die Alte Festung, die Fortezza Vecchia. Mit ihrem Bau wurde 1386 begonnen, gleich nachdem die Republik Venedig auf Korfu Fuß gefaßt hatte. Nach türkischen Belagerungen wurde die Alte Festung ab 1550 wesentlich verstärkt

An vielen Stellen der Stadt Korfu kann man vom Frühjahr bis zum Spätherbst im Freien sitzen und das Leben rundherum betrachten. Auch die Einheimischen genießen in ihrer Freizeit das Gespräch mit Freunden und Fremden in einem der zahlreichen Straßencafés.

und ausgebaut. Die einstige Zugbrücke ist inzwischen einer Steinbrücke gewichen. Im Festungsgraben unter der Brücke finden heute Yachten und Boote ihren Anlegeplatz. Außer den Festungsanlagen und der Burg befindet sich auf dem Gelände die große Kirche des heiligen Georg. Sie wurde 1830 von den Engländern als Garnisionskirche erbaut und dem Schutzpatron der Briten, dem Drachentöter St. Georg, geweiht. Auf dem freien Burggelände werden während der Saison Konzerte und Tanzvorführungen sowie Ton- und Lichtschauen angeboten, die die Vergangenheit der Inseln lebendig werden lassen. Auch die Neue Festung im Nordwesten der Stadt, die Fortezza Nuova, wurde von den Venezianern angelegt, und zwar in den Jahren 1576 bis 1588. Die Engländer verstärkten 1815 die Mauern erheblich.

Den Nordriegel der Esplanade bildet das für die britischen Lordhochkommissare (Gouverneure) errichtete Schloß. Es erhielt seinen Namen nach dem Orden von St. Michael und St. Georg. Die Namen dieser Heiligen sind über den Eingängen der Flügelbauten rechts und links angebracht. Die Residenz wurde nach Plänen des englischen Architekten Sir George Whitmore zwischen 1819 und 1823 errichtet. Da der Auftraggeber, Sir Thomas Maitland, vorher Gouverneur der britischen Kronkolonie Malta gewesen war, brachte er das Baumaterial, den hellen, gelblichen Maltastein, von dort nach Korfu mit. Sir Thomas Maitland residierte von 1816 bis 1824 als erster Lordhochkommissar auf Korfu. Er gründete 1823 die Universität, ließ planmäßig Straßen anlegen und baute die Vorstadt und die Häfen aus. In die Fassade der Residenz in reinem Regency-Stil ließ er die Symbole der Sieben Inseln einhauen.

Die Contrafossa, ein 15 Meter breiter Graben, wurde von den Venezianern angelegt, um die Alte Festung aus Verteidigungsgründen von der Insel zu trennen. Die Meerenge ist heute zum Ankerplatz für Boote und Yachten geworden.

Wer heute über die Esplanade bummelt – und das zählt zu den Vergnügen, die sich kein Besucher entgehen läßt – steht vor vielen Denkmälern, die an Venedig und an England erinnern. Er stutzt vielleicht, weil an einem großen Marmordenkmal beim Eingang zur Alten Festung ein urdeutscher Name zu lesen ist: Johann Matthias Reichsgraf von der Schulenburg. Ihm verdanken Korfu, die Republik Venedig und das christliche Abendland ungemein viel. „Der König von Korfu" lautet der Titel eines Romans, den ein Schulenburg über „den größten in unserer Familie" verfaßt hat.

Johann Matthias von der Schulenburg wurde 1661 in Emden bei Magdeburg geboren. Schon in jungen Jahren nahm er freiwillig an Feldzügen auf dem Balkan teil, wurde General unter August dem Starken und kämpfte in dessen Auftrag gegen Karl XII. von Schweden. Prinz Eugen von Savoyen holte ihn nach Wien und empfahl ihn der Republik Venedig als Oberbefehlshaber, als der Doge erfuhr, daß die Türken mit großer Flotte Richtung Korfu unterwegs waren. Es war die gleiche Zeit, in der Prinz Eugen die Aufgabe hatte, die anrückenden Türken auf dem Balkan zu stoppen. Schulenburg kam, von Venedig nur mäßig mit Geld ausgestattet, 1715 nach Korfu. Er besichtigte die verfallenen Verteidigungsanlagen, fand eine Bevölkerung vor, die keinerlei Kampfbereitschaft zeigte, eher dem Slogan huldigte „lieber türkisch als tot".

Mit anfeuerndem Beispiel vorangehend, entfachte Schulenburg dann doch so etwas wie patriotische Gefühle bei den Korfioten. Jedenfalls hielt er, als die Türken mit erdrückender Übermacht vom Land und vom Wasser her angriffen, die Insel mehrere Wochen. Die Türken landeten am 8. Juli 1716 Truppen auf Korfu. Bis Mitte August tobte der Kampf um die Stadt. Schulenburg hätte ihn kaum gewinnen können. Aber er beschäftigte das türkische Heer so lange, bis Prinz Eugen Zeit hatte, seine Truppen in Ungarn aufzustellen. Bei Peterwardein und später bei Belgrad errang Eugen glänzende Siege: Das Abendland blieb christlich. Militärhistoriker sagen heute, daß dies ohne das Ausharren Schulenburgs auf Korfu schwerlich gelungen wäre. Die Republik Venedig erwies ihrem „Generalfeldmarschall und Oberbefehlshaber der Landtruppen" alle Ehren, ließ ihm das Denkmal errichten, das in der Zwischenzeit weder von einem Erdbeben umgeworfen noch von den italienischen Bombern im Zweiten Weltkrieg beschädigt wurde. Auf den großen Grünflächen zwischen den Bummelalleen der Esplanade spielen heute die Jugendmannschaften am Nachmittag oder die alten Herren am Sonntag Fußball. Wenn man Glück hat, kann man hier sogar Kricketspieler beob-

achten. Auch dieser völlig ungriechische Sport ist ein Überbleibsel aus den Jahren der englischen Geschichte.
Südlich der Esplanade, am Anfang der Garitsa-Bucht, hinter dem Corfu Palace Hotel, ist das Archäologische Museum zu finden. Prunkstück des Museums ist der Gorgogiebel von der Westseite des Artemis-Tempels, der 1911 bei Kanóni entdeckt und von dem deutschen Archäologen Wilhelm Dörpfeld ausgegraben worden ist. Wilhelm II. holte Dörpfeld, einen Griechenlandbegeisterten, von der Nachbarinsel Lefkáda nach Korfu. Den Hinweis zu den Grabungen hatte ein Bauer geliefert, der beim Pflügen auf ein großes Gesteinsstück gestoßen war. Gefunden wurden außer der Gorgo eine liegende Löwin und weitere Figuren. Das Giebelrelief vom Artemis-Tempel, entstanden während der korinthischen Besiedlung der Insel um 590 v. Chr., gilt als eines der ältesten Beispiele archaischer Monumentalkunst in Griechenland. Das Giebeldreieck steigt in der Mitte bis zu einer Höhe von 2,60 Metern an. Die Gorgo Medusa, eine furchterregende Göttin mit Schlangenhaaren und einem Schlangenpaar anstelle eines Gürtels am Gewand, stand in der Mitte des Dreiecks, flankiert von liegenden Löwen. Nach der Mythologie erstarrte jedes Lebewesen, das der Gorgo ins Auge blickte, zu Stein.
In der Stadt befinden sich weitere sehenswerte Museen. Dazu zählen das Byzantinische Museum in der Antivouniótissa-Kirche, das Museum für Asiatische Kunst im Schloß und das Solomos-Museum in der Arseníou-Straße.
Das Rathaus, etwa in der Mitte der Altstadt an der Plateía Theotóki gelegen, wurde 1663 von den Venezianern als Adelsloggia und Gesellschaftshaus reicher Kaufleute begonnen. 1720 richtete man in dem Gebäude ein Theater ein, in dem auch Opern aufgeführt werden konnten. 1903 erhielt das Gebäude abermals eine neue Zweckbestimmung. Nachdem ein Stockwerk aufgesetzt worden war, zog die Stadtverwaltung in ihr neues Rathaus ein. Eine Marmorgruppe im östlichen Giebel zeigt in barocker Fülle den Admiral Francesco Morosini.

Am gleichen Platz liegt die katholische Kathedrale. Die starken Kriegsschäden, die das Gebäude getroffen hatten, sind inzwischen behoben. Allerdings ist die katholische Gemeinde, deren Ursprünge ebenfalls auf die Zeit Venedigs zurückgehen, inzwischen klein geworden.
Natürlich gibt es in der Stadt auch eine griechisch-orthodoxe Kathedrale. Diese Kirche, der Panagía Spiliótissa geweiht, liegt an der Metropoléos-Straße. Sie wurde 1577 erbaut und beherbergt die Gebeine der heiligen Theodora, die gegen viele Krankheiten helfen soll und um Genesung angefleht wird. Zu den besonders verehrten Heiligenbildern in der Kathedrale gehören die Ikone des Drachentöters St. Georg von Michael Damaskinos und eine beidseitig bemalte Ikone der Panagía, der Gottesmutter.
Der berühmteste der korfiotischen Heiligen freilich, St. Spiridon, wird nicht in der Kathedrale verehrt, sondern in seiner eigenen Kirche. Die rundliche Turmspitze von St. Spiridon überragt die Gassen der Altstadt. Die frommen Insulaner schreiben ihm viele Wunder zu, einschließlich der Errettung von den Türken im Jahre 1716. Die Rettung sei nicht so sehr der Tapferkeit der Soldaten oder des Generalfeldmarschalls von der Schulenburg zu danken, sondern dem Schutzpatron, sagen sie. Anno 1716 sei er im Gewande eines Mönchs mit dem Kreuz gegen die Türken vorgerückt. Das habe gewirkt. Spiridon wurden schon vorher viele Wunder zugeschrieben. So habe er zum Beispiel 1629, als die Pest aus Italien eingeschleppt worden war, diese Seuche in Gestalt einer Katze einfach auf einem Schiff nach Neapel zurückgeschickt, erzählen die Legenden. Wer bei solchen Berichten skeptisch bleibt, kann nichts gegen die Tatsache sagen, daß bis heute nahezu jeder zweite Junge auf Korfu bei der Taufe den Namen Spiridon oder die Kurzform Spiros erhält.
Dabei ist der heilige Spiridon nicht auf Korfu geboren, sondern ein Zugereister. Er stammt aus Zypern, wo er Ende des 3. Jahrhunderts das Licht der Welt erblickte. Spiridon begann seine Laufbahn als Schafhirte in den Bergen. Als seine Frau starb, ging er in ein Kloster, wo er durch Frömmigkeit auffiel, so daß man ihn schließlich zum Bischof weihte. Auf dem Konzil von Nizäa im Jahre 325 stritt er heftig für die Heilige Dreieinigkeit. Als er hoch an Jahren starb, wurde er bereits wie ein Heiliger verehrt. Aus seinem Grab sei ein riesiger Rosenstrauch gewachsen, berichtet die Legende. Mehr noch: Wohlriechende Düfte

In feierlicher Prozession wird die Ikone des Inselpatrons St. Spiridon an hohen Festtagen durch die Straßen Korfus getragen. Die Prozession wird vom höchsten Würdenträger der Insel, dem Metropoliten (Erzbischof), angeführt.

seien aus der Gruft aufgestiegen. Die Mönche gruben deshalb seinen Leichnam wieder aus und balsamierten ihn ein. Als die Sarazenen im 8. Jahrhundert auf Zypern einfielen, wurde der Tote in einen Sack eingenäht und unter Viehfutter verborgen aus der Stadt transportiert. Er kam nach Konstantinopel.
Nachdem 1453 Konstantinopel in die Hände der Türken gefallen war, brachten fromme Mönche den Heiligen schließlich nach Korfu. Hier wurde ihm 1589 eine eigene Kirche geweiht. In dieser Kirche liegt er, inzwischen ziemlich eingetrocknet, in einem herrlichen, mit Silberblechen beschlagenen Sarkophag aus dem 19. Jahrhundert, der mit vielen Edelsteinen besetzt ist. Die Verehrung ist so groß, daß man auch an ganz normalen Sonntagen Schlange stehen muß, wenn man ihn in seiner Kapelle besuchen will. Damit die Leute sich bei dem Andrang nicht an den Kerzen die Kleider anbrennen, steht ein sandgefüllter Kerzenständer, so groß wie eine Badewanne, vor der Kirchentür auf der Straße.
Viermal jährlich verläßt der Heilige die relative Ruhe seiner Altstadtkirche. Dies geschieht zu seinen Festtagen, und die werden entsprechend gefeiert. Wer es miterleben will, muß am Palmsonntag, am Ostersonnabend, am 11. August oder am ersten Sonntag im November nach Korfu fahren. Die städtischen Blaskapellen ziehen der Prozession voran, Vereine, die Jugendlichen in Schuluniformen folgen. Unter einem Baldachin wird der Heilige vor dem Bischof und dem Klerus durch die Straßen und wieder zurück in seine Kirche getragen.
Eine Besonderheit ist in der Kirche der Panagía Kremásti (Pedrídou-Straße in Hafennähe) zu finden. Es handelt sich um eine aus Stein gearbeitete Ikonostase mit mehreren Ikonen des Malers Spiros Speranza. Ein weiteres Beispiel byzantinischer Kirchenbaukunst ist im südlichen Vorort Anemómilos St. Jason und St. Sosípatros. Der Kreuzkuppelbau ist die einzige erhaltene Kirche der Insel aus dem 12. Jahrhundert. Die Kuppel ruht auf Monolithen und Arkadensäulen. Hier im Süden der Stadt vermuten die Archäologen das antike Kérkyra oder Korkyra. Die ausgegrabenen Ruinenreste weisen darauf hin. Zu den nur als Ruine erhaltenen Bauwerken aus frühchristlicher Zeit gehören die Reste der Kirche Agia Kérkyra (Paläópolis-Kirche) an der Landstraße nach Kanóni. Der ursprüngliche Bau des 5. Jahrhunderts wurde mehrfach zerstört und wiederaufgebaut. Heute sieht man Teile der Fassade und der Seitenschiffwände. Im Westen, außerhalb der alten Stadt, beim Vorort Karteria, liegt das Kloster Platitéra, dessen Kirche Malereien der bedeutendsten Vertreter der Sieben Inseln beherbergt. Auf dem Klostergelände ist Ioannis Kapodistrias (1776 – 1831) begraben, der erste Präsident des befreiten Griechenland. Er war gebürtiger Korfiote. Sein Denkmal steht ebenfalls auf der Esplanade.
Gern besuchte Sehenswürdigkeiten in der Nähe der Stadt sind Mon Repos und das Achilleion. Man findet Mon Repos, wenn man in südlicher Richtung aus der Stadt hinauswandert, an der Garitsa-Bucht entlang, hinter dem Stadtteil Anemómilos. Der Säuleneingang zum Park ist Haltestelle der Buslinie 2 Richtung Kanóni. Zu Fuß dauert der Weg, von der Stadtmitte an gerechnet, etwa eine halbe Stunde. Mon Repos wurde im Auftrag von Sir Frederick Adam, dem zweiten Lordhochkommissar der Engländer auf Korfu, als dessen Sommerresidenz errichtet. Adam übte sein Amt von 1824 bis 1832 aus. Später, als die Sieben Inseln zu Griechenland gekommen waren, diente das idyllisch gelegene Schlößchen im klassizistischen Stil der griechischen Königsfamilie als Urlaubsdomizil. Auch den dichten Park mit vielen heimischen, aber auch exotischen Bäumen ließ Adam anlegen. Sein Denkmal steht übrigens direkt vor dem Schloß an der Esplanade. Im Park von Mon Repos sind Fundamente zweier antiker Tempel gefunden worden, die jedoch noch der genaueren Erforschung harren.
Sissi, Kaiserin Elisabeth von Österreich, lernte Mon Repos kennen, als sie Ende des 19. Jahrhunderts zum ersten Mal Korfu besuchte. Sie war von dem Anwesen und der Insel entzückt. Österreichs Botschafter bei den Inseln, Alexander Warsberg, schlug der Kaiserin vor, sich auf Korfu eine Residenz zu errichten. Warsberg besorgte ihr eine Einladung in die Villa Vraila, die auf einem Hügel oberhalb des Dorfes Gastoúri lag. Sissi war begeistert vom Blick aufs Meer, von der Landschaft.

Kaiser Wilhelm II., der auf Korfu eine Residenz besaß, holte den deutschen Archäologen Wilhelm Dörpfeld auf die Insel. In der Nähe des Schlößchens Mon Repos, zu Beginn des 19. Jahrhunderts für die britischen Gouverneure als Sommerhaus erbaut, entdeckte Dörpfeld Reste antiker Tempel.

Sie kaufte der Witwe des Dichters Armenis Vrailas das Anwesen ab und beauftragte Warsberg, die Villa umbauen zu lassen. Ein Schloß mit großem Park, würdig einer Habsburger Kaiserin, sollte auf dem Hügel entstehen. Der Ort regte die Kaiserin sogar zum Dichten an. Sie notierte:

„Es war einmal ein Häuschen,
so traulich, lieb und klein,
es lag auf luft'ger Höhe
in einem Olivenhain...
Eine Königin kam wie im Märchen
eines Tages und blieb zur Rast.
Voll Erbarmens ließ sie es einreißen
und baut einen Feenpalast..."

Sissis Sehnsucht nach einem Refugium hatte einen menschlich sehr verständlichen Grund. Ihr einziger Sohn, Erzherzog Rudolf, war 1889 mit seiner Geliebten, der Baronesse Mary Vetsera, im Jagdschlößchen Mayerling bei Wien ums Leben gekommen. Die Umstände des Todes wurden zwar nie geklärt. Die meisten Forscher gehen aber vom gemeinsamen Selbstmord der Liebenden aus.

Kaiserin Elisabeth von Österreich war von der Insel Korfu begeistert, die sie gegen Ende des 19. Jahrhunderts zum ersten Mal besuchte. Sissi erwarb dort eine alte Villa, die sie sich zu einer Residenz ausbauen ließ. Das Anwesen erhielt von ihr den bedeutungsvollen Namen „Achilleion".

Elisabeth wollte vergessen. Im Park des Schlosses Korfu, für das sie selbst den Namen „Achilleion" wählte, ließ sie an zentraler Stelle eine Marmorstatue aufstellen, die den sterbenden Achill darstellt. Achill, der reine, strahlende, tapfere Held war eine der Lieblingsgestalten der Kaiserin aus der Geschichte. Offenbar verglich sie sein Schicksal im Kampf um Troja mit dem des eigenen Sohnes. Sissi über Achill: „Ich liebe ihn auch, weil er so schnellfüßig war. Er war stark und trotzig und hatte alle Könige und Traditionen verachtet und die Menschenmassen für nichtig gehalten, gut genug, um wie Halme vom Tode abgemäht zu werden. Er hat nur seinen eigenen Willen heilig gehalten und nur seinen Träumen gelebt, und seine Trauer war ihm wertvoller als das ganze Leben."

Die Aufsicht beim 1890/91 erfolgten Umbau des Achilleions führte im Auftrag der Kaiserin zunächst Alexander Warsberg. Nach dessen frühem Tod übernahm der italienische Architekt Raffaele Carito die Arbeiten. Carito baute ein Schloß im „pompejanischen Stil", das mancher Besucher heute für eine Scheußlichkeit hält. Kaiserin Elisabeth kam bis 1898, als ihrem Leben plötzlich ein Ende gesetzt wurde. Während eines Aufenthaltes in Genf lauerte ein italienischer Anarchist, Luigi Lucheni, ihr auf der Treppe des Hotels „Beau Rivage" auf und stieß ihr ein selbstgebasteltes Stilett ins Herz. Sissi starb im Alter von 61 Jahren. Das Achilleion verwaiste von da an.

Heute steht am zentralen Aussichtspunkt des Parks statt des „Sterbenden Achill" ein fast zwölf Meter großer Krieger aus Bronze, eine Statue mit dem Titel „Der siegreiche Achill". Elisabeths „Nachmieter" ließ ihn dort aufstellen. Er war kein Geringerer als Wilhelm II., der letzte Kaiser des Deutschen Reiches. „Dem Größten der Griechen vom Größten der Deutschen" lautet der Text einer Plakette, die Wilhelm II. anbringen ließ. Den „Sterbenden Achill", die 1884 von Ernst Herter geschaffene Marmorstatue, findet man allerdings noch immer im Park. Das Kunstwerk ist in die Nähe der großen Terrasse, in die Mitte eines Blumenrondells gerückt.

Kaiser Wilhelm lernte das Achilleion 1905 kennen. An Bord seiner 4 300-Tonnen-Yacht dampfte er damals in den Hafen von Korfu ein, um dem Griechenkönig Georg I., einem Prinzen des dänischen Königshauses, in Mon Repos einen Besuch abzustatten. Dabei erfuhr er von dem Sissi-Schloß. König Georg erzählte ihm voll Entrüstung, ein Bankier wolle dem Hause Habsburg das Anwesen abkaufen und ein Hotel mit Spielhölle errichten. Die Einrichtung der Spielhölle habe er zwar verboten. Aber auch der Hotelbetrieb wäre eine Schande für den figurengeschmückten Park. Wilhelm zeigte höchstes Interesse. Zwei Jahre lang verhandelte Berlin mit Wien. Dann verkaufte der verwitwete Franz Joseph I. Schloß und Park an den deutschen Kaiser. Wilhelm ließ das Anwesen nach seinem Geschmack umgestalten. Dazu gehörte, daß der sterbende vom siegreichen Achill abgelöst wurde. Im Ersten Weltkrieg wurde das Schloß von den Gegnern der Deutschen als Feindesgut konfisziert. Die Erinnerung an Wilhelm II. verblaßte. In der Nähe des Dorfes Pélekas aber wird sie wachgehalten. Dort befindet sich die Plattform, auf der Wilhelm II. gern den Sonnenuntergang genoß und oft stundenlang aufs Meer geschaut haben soll. Mit einem der ersten Automobile auf Korfu ließ er sich dorthin chauffieren. Heute weist ein Schild mit der Aufschrift „The Kaiser Observatory for the Sunset" den Weg.

Daß Wilhelm gern auf Korfu verweilte, geht auch aus der Schriftstellertätigkeit hervor, zu der ihn die Insel animierte. „Erinnerungen an Korfu" heißt ein längst vergriffenes und vergessenes Buch. In ihm erinnert sich der Monarch nach seiner Abdankung im holländischen Exil an viele Einzelheiten. So beschreibt er zum Beispiel den Tag, an dem er der Kaiserin und ausgewählten Hofbeamten aus Berlin das neue Anwesen vorstellte:

„Die Ausrufe des Staunens waren verstummt. Tiefes Schweigen hatte sich aller bemächtigt. In Andacht versunken, genossen die aus dem verschneiten, lärmenden Berlin entflohenen Deutschen diese Pracht der Schöpfung, die das Herz dem Schöpfer zuwendet. Die Kai-

serin wandte sich schweigend zum Gemahl und drückte ihm still die Hand. Ein neben mir stehender Herr flüsterte mir leise zu: Hier fehlen die Worte, hier kann man nur anbeten... Die Stimmung hielt auch am Abend bei dem ersten Zusammensein bei und nach dem Essen an. Ich war von tiefster Freude erfüllt. Das Achilleion hatte seine Wirkung getan, seinen Zauber bewährt. Es hatte veredelt und erhoben, weit über des glücklichen Besitzers Hoffnung hinaus. Er hatte, auf dem großen Balkon vor seiner Wohnung stehend, die sinkende Sonne in goldigen Feuersgluten niedertauchen und die Berge mit rötlichem Glanze übergießen sehen und hatte ein stilles Dankgebet emporgesandt zum Schöpfer, der ihm diesen herrlichen Fleck Erde und solchen Tag beschert, und hatte gelobt, dem Achilleion seine Weihe zu erhalten, in dankbarer Erinnerung an die hohe, unglückliche Frau, deren Geiste dies Paradies auf Erden sein Erstehen einst verdankte: Kaiserin Elisabeth. Würdest Du in der Welt und von Deinem Volke je vergessen, im Achilleion lebst Du fort. Dort wird Dein Andenken still und treu gepflegt. Dort wirst Du nie vergessen!"

Im Park des Schlosses Achilleion ließ Kaiserin Sissi eine Marmorstatue des sterbenden Achill aufstellen, die der Bildhauer Ernst Herter aus Berlin geschaffen hatte. Nachdem Kaiser Wilhelm II. das Schloß vom Haus Habsburg erworben hatte, ließ er die Statue jedoch durch einen siegreichen Achill ersetzen und an eine weniger zentrale Stelle des Parks verlagern.

1962 übernahm eine deutsche Gesellschaft das Achilleion, richtete unten ein Museum und im oberen Stockwerk eine Spielbank ein, tat also just das, was König Georg I. hatte verhindern wollen. Auf Korfu sieht man noch heute Lieferwagen mit der Aufschrift „Casino Achilleion". Aber die Geschichte ist manchmal auch gerecht. Vor kurzem zog das Casino ins „Corfu Hilton" um. Nicht aus Ehr- oder Taktgefühl. Den betuchten Gästen war offenbar der Weg ins 15 Kilometer entfernte Schloß zu lang. Das Achilleion kann man heute als Erinnerungsstätte an Sissi und Wilhelm besichtigen. Für Deutsche und Österreicher ist das offenbar ein Muß. Schließlich kennt jeder Sissis Schicksal aus den Romy-Schneider-Filmen.

Für Briten – und sie stellen das Gros der Korfu-Touristen – gehört der Besuch von Mon Repos zum Pflichtprogramm. Nicht selten sind sie über den Zustand des Bauwerks entsetzt. Denn während das Achilleion vor Sauberkeit und preußischer Akkuratesse geradezu blitzt, verfällt Mon Repos von Jahr zu Jahr mehr. Das Anwesen, das der griechischen Königsfamilie gehörte, wurde 1994 enteignet, nachdem die Athener Regierung Ex-König Konstantin II. kurz zuvor die Staatsbürgerschaft entzogen hatte. Zwar kündigte Konstantin aus dem Londoner Exil rechtliche Schritte an. Als „Unperson" kann er sie in Griechenland aber kaum realisieren. Offenbar weiß der griechische Staat nicht, was er mit dem Herrensitz des ehemaligen Königs anfangen soll. Große Stellen des Putzes sind in der Vorhalle von der Decke heruntergefallen, Türen und Fenster mit Brettern vernagelt. Der Blick von der Terrasse aufs Meer ist nach wie vor bezaubernd schön. Man darf sich nur nicht gegen die steinerne Brüstung lehnen. Sie gibt an manchen Stellen nach.

Der traurige Anblick des verwunschenen Schlosses berührt Briten besonders schmerzlich. Hier nämlich hat einer der bekanntesten Engländer, einer der beliebtesten sogar, 1921 das Licht der Welt erblickt. Es ist Prinz Philip, der Herzog von Edinburgh und Gemahl der britischen Königin Elizabeth II. Was die Engländer wissen, ist deutschen Besuchern selten bekannt: Prinz Philip ist ein Sohn des griechischen Prinzen Andreas. „Der Staat sollte das Gebäude Prinz Philip schenken; er würde sein Elternhaus nicht so verkommen lassen", empörte sich eine ältere Londonerin nach dem Besuch.

Auf der Terrasse des Achilleions saß Wilhelm II. gern und arbeitete. Seine „Erinnerungen an Korfu" hat er allerdings nicht hier, sondern später im Exil aufgezeichnet.

Zwischen zwei Hügeln erstreckt sich das Zentrum der Stadt Korfu. Die Republik Venedig sicherte die Hügel mit starken Befestigungen. Von der Fortezza Vecchia, der Alten Festung aus, blickt man auf die Fortezza Nuova, die Neue Festung. Dazwischen liegt der neue Hafen, der regelmäßig von Fähren aus Italien und vom griechischen Festland angelaufen wird. Der hohe Turm in der Bildmitte gehört zur Kirche des heiligen Spiridon, des Schutzpatrons der Insel Korfu.

124

Schöne alte „Palazzi" zieren die Uferstraßen der Stadt Korfu. Sie erinnern an die rund 400 Jahre währende venezianische Herrschaft über die Ionischen Inseln. Viele der Balkone und Verzierungen der alten Häuser könnten die Hand des Restaurators vertragen. Hierfür aber fehlt privaten Eigentümern ebenso wie der Stadt das Geld. Die Menschen leben unter südlicher Sonne auch so zufrieden und arrangieren sich mit den Verhältnissen. Jenseits des Hafens erkennt man die Berge des Epirus, der nordwestlichsten Provinz Griechenlands.

Das „Liston", wie die Reihe der Arkadenhäuser an der oberen Esplanade in Korfu-Stadt genannt wird, ist Treffpunkt zu jeder Tageszeit. Urlauber und Einheimische genießen hier den ersten Kaffee am Morgen oder eine kühle Erfrischung in der Tageshitze. Auf den Grünflächen, den Straßencafés gegenüber, trainieren Jugendmannschaften Fußball. Von Zeit zu Zeit sieht man sogar Kricketspieler, eine Erinnerung an die Jahre, in denen Korfu zum Britischen Weltreich gehörte. Am Ende der Esplanade, auf dem Bild durch die Bäume im Hintergrund schimmernd, liegt das Schloß, die einstige Residenz der englischen Lordhochkommissare.

Das ehemalige Landhaus eines korfiotischen Poeten, gut zehn Kilometer von der Hauptstadt entfernt, ließ sich Kaiserin Elisabeth von Österreich in den Jahren 1890/91 zum Feriendomizil umbauen. Die Pläne entwarf der italienische Architekt Raffaele Carito. Sissi gab dem Anwesen den Namen „Achilleion“. Nach ihrem Tod stand der Besitz mehrere Jahre leer. 1907 erwarb der deutsche Kaiser Wilhelm II. das Landhaus und ließ es nach seinem Geschmack umgestalten. Heute ist das Achilleion eine Gedenkstätte für Kaiserin Elisabeth und Kaiser Wilhelm.

Von seinem Landsitz auf Korfu, dem „Achilleion“ beim Dorf Gastoúri, ließ Kaiser Wilhelm II. sich mit einem der ersten Autos auf der Insel gern zu einer Plattform bei Pélekas chauffieren. Von dort beobachtete er den Sonnenuntergang. Im Volksmund wird die Plattform immer noch „Kaiserblick“ genannt. Kaiser Wilhelm hat seine Eindrücke von Korfu und dem „Achilleion“ schriftlich festgehalten. Das Buch „Erinnerungen an Korfu“ findet man allenfalls noch in den Archiven öffentlicher Bibliotheken.

Wer zum ersten Mal nach Korfu kommt, muß alles vergessen, was er über die griechischen Inseln wußte, die sich kahl, im Sommer von der Sonne durchglüht, aus dem Meer erheben. Korfu ist grün, im Vergleich zu anderen Inseln Griechenlands geradezu üppig, tropisch bewachsen. Das gilt zwar nicht für alle Gegenden der etwa 60 Kilometer langen Insel. Aber es gilt für die Inselmitte, wo der Gast landet und meistens auch den Urlaub verbringt. Im Norden erhebt sich das Bergmassiv des Pantokrátors. Mit gut 900 Metern ist es das höchste Gebirge der Insel, kahl und zerklüftet. Nach Süden hin nehmen die Wälder ab, aber Büsche und Sträucher gedeihen prächtig.

Das Grün ist nicht so einheitlich wie zum Beispiel in Irland. Auf Korfu herrschen unterschiedliche Farbtöne vor. Dominierend ist das silbrig schimmernde Grün der Olivenbäume. Die Republik Venedig zahlte den Bewohnern im 15. Jahrhundert Prämien für jeden gepflanzten Olivenhain - nicht aus Gründen der Landschaftspflege, sondern weil Olivenöl ein begehrtes Produkt war. Als Venedig sich Ende des 18. Jahrhunderts, nach dem Vertrag von Campoformio, von den Ionischen Inseln verabschieden mußte, wuchsen auf Korfu mehr als drei Millionen Olivenbäume. Sie werden auf der Insel nicht mehr beschnitten, wachsen quasi wild weiter. Da sie 700 bis 800 Jahre alt werden, sprudelt das Öl noch immer, sofern die Bauern die Früchte einsammeln und zu den alten Ölmühlen bringen. Dunkelgrüne, fast schwarze Pinselstriche setzen die himmelhohen Zypressen in die Landschaft, hellere Farbtöne die Schirmkiefern, Platanen und Kastanien. Ginsterbüsche und Sträucher ziehen sich bis in die Bergregionen hinauf.

Zackig und zerklüftet sind viele Küstenabschnitte, an denen sich die Felsen direkt ins Meer stürzen. Nicht selten öffnen sich Höhlen, zu denen Motorboote die Urlauber ebenso bringen wie zu kleinen, vom Land her unzugänglichen Badebuchten. Der Tourismus hat inzwischen die traditionellen Erwerbsquellen wie Öl, Wolle und Korinthen in den Hintergrund gedrängt. Mehr als die Hälfte der Korfioten lebt direkt oder indirekt vom Fremdenverkehr. Das Bettenangebot ist gewaltig gestiegen.

Ende der sechziger Jahre, als der Tourismus die Kinderschuhe abzustreifen begann, gab es auf Korfu 3 000 Hotelbetten, 1974 waren es schon 10 000. 1995 standen nach Angaben des Fremdenverkehrsamtes rund 35 000 Hotelbetten zur Verfügung. Hinzu kommen jedoch etwa 80 000 Betten in kleinen Pensionen und bei privaten Zimmervermietern. Nicht mitgerechnet sind hierbei die gut ausgestatteten Campingplätze, die es an allen Küsten Korfus gibt. Die Gästezahlen stiegen entsprechend. Knapp eine dreiviertel Million Gäste kam 1989. Zwei Jahre später waren es exakt 150 000 mehr. Die Millionengrenze wurde 1994 überschritten. Zwar wurde in der griechischen Presse 1995 über einen Rückgang der Gäste vor allen in den Massenurlaubsgebieten geklagt. Auf Korfu aber blieben die Zahlen konstant.

Die treuesten Urlauber sind die Briten, die in den achtziger Jahren rund 70 Prozent der Feriengäste stellten. 1994 betrug ihr Anteil noch 57 Prozent. Die Deutschen rangierten immer auf Platz zwei. 1995 kam jeder fünfte Urlauber aus Deutschland. Danach folgen Skandinavier und die reisefreudigen Holländer.

Die Erwartungen der meisten Besucher sind groß. Offenbar folgen sie in ihren Gefühlen dem schlesischen Dichter Gerhart Hauptmann, der im März 1907 von Triest mit dem Schiff anreiste und in sein Tagebuch notierte: „Ich bin berauscht von schönen Erwartungen, denn ich habe von dieser Insel, solange ich ihren Namen kannte, Träume geträumt."

Die Mehrzahl der Gäste kommt heute mit dem Flugzeug. Schon die Landung ist ein Erlebnis. Den Flughafen bauten die Insulaner in eine Lagune in der Nähe der Hauptstadt. Die Maschine schwenkt über Hügel und Dörfer ein, setzt gleich hinter der Straße auf, die die Inselmitte quer durchschneidet, rollt direkt aufs Meer zu, kommt kurz vor dem berühmten Kloster Vlachernes zum Stehen, dreht sich direkt am Wasser um die eigene Achse und rollt den gleichen Weg zurück, denn das Abfertigungsgebäude liegt beim Aufsetzpunkt, und es gibt nur die eine Lande- und Startbahn. Die Stadt ist zwei Kilometer entfernt. Den Flugbetrieb kann man von einer großen Terrasse in der Nähe von Kanóni bei Kaffee und Kuchen verfolgen. Der Linienbus hat direkt neben der Terrasse und den Stufen, die zum Kloster hinunterführen, seine Endstation (Linie 2).

Viele Reisebüros in Korfu-Stadt nennen als schönsten Ausflugsort auf der Insel das Dorf Paläokastrítsa, das auch mit dem Linienbus gut zu erreichen ist. Der Bus fährt von der Hauptstadt aus quer über die Insel. In Paläokastrítsa laden mehrere kleine Buchten zum Baden ein. Tauchschulen bieten ihre Dienste an. Wem die Buchten von Paläokastrítsa im Sommer zu voll sind, kann sich von Motorbooten zu weiteren Stränden übersetzen lassen, die vom Land her nicht zugänglich sind. Die Boote fahren auch zu den Höhlen in den zerklüfteten Felsformationen vor der Bucht. Viele Ausflugsbusse kommen auf ihren Inselrundfahrten allerdings nicht nur bis zum heutigen Dorf. Sie fahren weiter bis zum Kloster der Panagía Paläokastrítsa, der Muttergottes von Paläokastrítsa. Das Kloster liegt ein paar hundert Meter weiter im Berg. Die ersten Gebäude aus dem 12./13. Jahrhundert wurden vermutlich als Zufluchtsstätten vor Piratenüberfällen errichtet. Das heutige Kloster entstand nach schweren Schäden durch die Türken im 16. Jahrhundert. Die Klosterkirche beherbergt einige wertvolle Ikonen des 17. Jahrhunderts. Dem Gast wird auch gern das kleine Museum gezeigt, wo man neben Beispielen sakraler Kunst alte Wein- und Olivenpressen sehen kann.

Die Mönche des Klosters erzählen eine Wundergeschichte, die sich hier zugetragen haben soll. Als sich einst ein algerisches Piratenschiff der Küste näherte und die Mönche die Plünderung ihres Klosters befürchten mußten, soll der Abt ununterbrochen in der Kirche gebetet und die Panagía, die Muttergottes, um Schutz angefleht haben. Als er schließlich auf die Terrasse hinaustrat, sah er, daß das Schiff der Piraten in Stein verwandelt worden war. Einer der Felsen im Wasser vor der Küste hat in der Tat die Form eines Schiffes. „Petrokarávo", Felsenboot, wird der Steinblock wegen dieser alten Geschichte genannt.

Höher noch als das Kloster liegt die Burgruine des Angelókastros. Vom Kloster aus führt ein Fußweg dorthin. Leichter zu finden ist die Burg, wenn man die Straße über Lákones und Kríni nimmt. Hierfür muß man in den Ort Paläokastrítsa zurück und dort den Weg zum Aussichtspunkt Bellavista wählen. Bellavista gehört bereits zum Dorf Lákones und wird wegen des herrlichen Rundblicks gern besucht. Von Kríni aus führt ein Fußweg zum Angelókastro hinauf. Auch diese Festung wurde wahrscheinlich als Zufluchtsort vor Piraten erbaut. Ihren Namen hat sie vom Despoten des Epirus, Michael Angelos, der einer der Lehnsmänner der byzantinischen Kaiser war. 300 Meter über dem Meer hat man auch von der Burgruine aus einen schönen Blick auf die Küste, das Meer und die bizarren Felsformationen. Auch Lákones lohnt einen Zwischenaufenthalt. Im Ort fallen die schönen Bogengänge auf, die aus venezianischer Zeit stammen. Der Name läßt darauf schließen, daß das Dorf ein uralter Siedlungsplatz ist. Lákones ist die alte Bezeichnung für Sparta. Vermutlich waren Spartaner die Gründer der ersten Ortschaft an dieser Stelle.

Gern besucht wird auf Korfu das Kloster der Panagía (Muttergottes) von Paläokastrítsa. Die Kirche mit der schönen Ikonostase ist der Panagía Theotókos, der „Gottesgebärerin", geweiht.

Südlich von Paläokastrítsa liegen die berühmten Badestrände der Westküste, zum Beispiel Glifáda, das wegen seines langen Strandes beliebt ist. Der Sandstrand von Mirtiótissa, im Norden des Ortes, gehört zu den schönsten Abschnitten im Westen Korfus. Allerdings ist das Meer an der Westküste gelegentlich stürmisch. Es sind aber alle Arten von Wassersport möglich. In einigen Buchten bei Mirtiótissa, speziell bei Ermónes, können Sonnenanbeter auch das letzte Stück Textil ablegen. Wer außer für den Strand auch für Kultur Interesse hat, kann einen Spaziergang zum Kloster Mirtiótissa unternehmen. Es liegt zwischen Glifáda und Ermónes. Eine Schotterstraße führt vom Dorf Vátos dorthin.

Zu den landschaftlich reizvollsten Teilen der Insel gehört die Gegend um Sidári. Die langen Sandstrände haben seit vielen Jahren die Touristen angezogen. Aber es sind nicht nur die Badebuchten, die den Reiz der Landschaft ausmachen. Vor der Küste stehen viele bizarr geformte Sandsteingebilde im und am Wasser, gelb-, braun- und ockerfarbene Formationen, deren weiches Material Wind und Wetter ausgesetzt ist. Insbesondere die Winterstürme spülen immer wieder Teile aus, so daß „Gewölbe" einstürzen oder Uferkanten abbrechen. Mit Tretbooten können die Urlauber an die Felsen heran- und unter Bögen hindurchfahren. Den Stürmen ist inzwischen der einst berühmte „Canyon d' Amour" zum Opfer gefallen. Von dieser Durchfahrt erzählte der Volksglaube, daß junge Mädchen, die die Passage durchschritten oder hindurchschwammen, den Herzallerliebsten ihrer Wahl bekommen würden. Wer ganz sicher gehen wollte, mußte dieses nasse Abenteuer um Mitternacht bei Vollmond bestehen. Von Sidári aus verkehren Boote zu den vorgelagerten Inseln Othóni, Mathráki, Erikoússa und Diapló.

Alle vier Inseln sind kleine Paradiese der Ruhe geblieben, auf denen nur wenige Menschen ständig leben. Im Sommer wird es durch die Ausflügler belebter. Othóni, die westlichste Insel der Gruppe, ist zugleich der westlichste Punkt Griechenlands. Sidári ist übrigens nicht erst durch den Tourismus entdeckt worden. Das fruchtbare Melissoúdi-Tal wurde schon vor Jahrtausenden besiedelt. Keramikfunde belegen, daß hier bereits um 5000 v. Chr. Menschen gelebt haben. Die Strömungen des einst sehr wasserreichen Melissoúdi hat man früher zum Betreiben von Wassermühlen genutzt.

Vom Fischerdorf zum touristischen Zentrum hat sich an der Nordküste der Insel Kassiópi gewandelt. Die für einen Hafen günstige Lage an der nach Norden offenen Bucht entdeckten schon die Römer, die seit dem ersten Drittel des 3. vorchristlichen Jahrhunderts hier siedelten. In ihrer Zeit besuchten bedeutende Persönlichkeiten den Ort: der Geschichtsschreiber Plinius, der Redner Cicero sowie mehrere Kaiser. Tiberius soll sogar eine Villa in Kassiópi besessen haben. Der Hafenort wurde in antiker Zeit vor großen Unternehmungen genutzt, um die Gunst des Göttervaters Zeus zu erbitten. Der Zeus-Tempel von Kassiópi war berühmt. Auch ein Theater soll der Ort besessen haben. Zu Zeiten des christlichen Byzanz wurde an der Stelle des Tempels die Kirche des Dorfes errichtet. 1571 bei einem türkischen Überfall zerstört, stammt der heutige Bau im wesentlichen aus dem Jahre 1590. 1970 wurden bei Ausgrabungen im Ortskern nahe der Kirche Mauerreste der antiken Hafenstadt gefunden.

Heute verkehren vom Hafen aus Boote zu mehreren Badestränden in der Nähe. Beliebt ist besonders der Strand von Agios Stefanos. Bootsverbindung besteht in der Saison auch mit Korfu-Stadt. Wer in Kassiópi bleibt, kommt ebenfalls auf seine Kosten. Am Hafen mit seinen Tavernen, Cafés, Bars und Läden ist immer Betrieb. Auf dem Hügel über dem Hafen sind Reste der im 13. Jahrhundert von den Fürsten von Anjou gebauten Festung zu finden.

Die Bucht von Gouviá an der Ostküste wird von zwei Landzungen geschützt. Auf dem Weg von Korfu-Stadt nach Gouviá kommt man schon vorher an großen Ferienanlagen vorbei. Gouviá ist ein lebhafter Urlaubsort. Populäre griechische Musik und nordeuropäische Schlager tönen laut aus Cafés und Tanzlokalen. Noch einigermaßen romantisch ist es am alten Hafen geblieben. In Hafennähe sind ferner die guterhaltenen Reste der Schiffshäuser zu sehen, in denen die Venezianer ihre Galeeren bauten und reparierten. Im Winter wurden in den Hallen Segelschiffe und Galeeren gelagert, um sie vor den Stürmen zu schützen. Die Seefahrt auf dem Mittelmeer ruhte damals während der schlechten Jahreszeit. Gouviá ist, wie Kassiópi, ein Ort, den Casanova im zweiten Band der „Geschichte meines Lebens" erwähnt. Darin heißt der Ort allerdings Govino. Casanova litt hier Qualen, da die Dame seines Herzens ihn nicht erhörte. Weiter Richtung Norden reiht sich ein Ferienort an den anderen. Die bekanntesten sind Dassía, Ipsos und Pirgí.

Auch Benítses südlich der Hauptstadt war einst ein ruhiges Fischerdorf. Es wurde zum lauten Badeort, obwohl der Kiesstrand nicht besonders groß ist. Wahrscheinlich reizt die Nähe der Hauptstadt mit den guten Busverbindungen. Früher nannten manche die Gegend von Benítses die „Cote d'Azur von Korfu", vielleicht, weil das Meer besonders blau zu sein scheint, die Boote bunter, poppiger angemalt sind als anderswo. Inzwischen verdeckt der Trubel manches vom Charme der „guten alten Zeit". Berühmt sind die Überreste einer römischen Villa aus dem 3. Jahrhundert, von der sich Fußbodenmosaike erhalten haben. Man muß sich inzwischen allerdings nach der „Villa Roma" erkundigen, die am Hang hinter dem kleinen Park liegt, denn den meisten Urlaubern steht der Sinn mehr nach Sonne und Wasser. Die Lage der Hotels am Hang ist bezaubernd schön. Weiter südlich liegen die Buchten von Moraítika. Beliebt ist das große Bungalowdorf Messongi Beach, dessen Betreiber stolz darauf verweisen, daß mit dieser Anlage eine Synthese von Landschaftsschutz und touristischer Nutzung gelungen sei. Das Feriendorf erhielt seinen Namen nach dem Messongi, dem längsten Fluß Korfus, der in der Nähe der Ortschaft ins Meer mündet.

In Kávos endet die Straße, die von Korfu-Stadt an der Ostküste entlang nach

Das Olivenöl gehört seit dem Altertum zu den Haupterzeugnissen Korfus. Damals war es für die Menschen ein Wunder, daß ein Baum aus Sonne und Wasser Öl bereiten konnte. Alte Ölpressen kann man noch heute in Bauernhäusern oder im Museum sehen. Sie funktionieren im Prinzip genauso wie die modernen Pressen.

Süden führt. Aus dem einst ruhigen Ort ist wegen des langen Sandstrandes inzwischen ein Touristenzentrum geworden. Ausflugsschiffe aus der Hauptstadt legen im Hafen an. Zu den kleinen Nachbarinseln Páxi und Antípaxi werden Tagestouren angeboten. Der Ort, in dem jüngeres Publikum überwiegt, nimmt in der Saison einen sehr englischen Touch an. Viele der Bars, Cafés und Restaurants tragen englische Namen. Etwas Ungewöhnliches sind Eselritte zum Kloster der Panagía Arkoudíla, das ziemlich versteckt in der Wildnis direkt am Kap liegt. Von Kávos aus läßt sich das Kloster auch zu Fuß erreichen. Man braucht etwa eine Stunde pro Strecke, wobei der Weg zum Kap reizvoller ist als die Gebäude des verlassenen und inzwischen verfallenen ehemaligen Klosters selbst.

Eingebettet in Berge und Wälder liegen die Dörfer im Inneren der grünen Insel Korfu. Das Urlaubsleben spielt sich zwar hauptsächlich an den Stränden ab, die Abstecher ins Hinterland sind aber überaus lohnend.

Wer den Ehrgeiz hat, auf dem höchsten Punkt der Insel stehen zu wollen, muß für die Fahrt zum Pantokrátor eine ziemlich lange Kletterpartie in Kauf nehmen. Da die Straße nicht bis zum Gipfel asphaltiert ist, empfiehlt sich ein Geländewagen. Sonst müßte man unter Umständen den Wagen stehenlassen und die letzten Kilometer zu Fuß gehen. Die Aussicht vom 906 Meter hohen Pantokrátor, den die Italiener Monte San Salvatore nannten, entschädigt allerdings für die Mühe. Man sieht im Osten die Küste des Festlands bis hin zu den Bergen Albaniens und des Epirus. Richtung Norden ist die breite Küstenlandschaft Korfus zu überblicken, und auch die nordwestlich vorgelagerten Inseln Othóni, Erikoússa und Mathráki sind zu sehen. Bei guter Sicht kann man sogar die Südspitze Italiens in der Ferne erkennen. In Richtung Süden erblickt man die immer schmaler werdende Spitze Korfus. Manchmal ist selbst die Insel Páxi am Horizont auszumachen. Auf dem Gipfelplateau befindet sich auch das verlassene Kloster des Pantokrátoras. Pantokrátor heißt übersetzt „Allherrscher". In der griechisch-orthodoxen Kirche ist dies ein Ehrentitel für Jesus Christus, dem das Kloster geweiht war. Gegründet worden war es im 14. Jahrhundert von Mitgliedern des katholischen Hauses Anjou. Anfang des 16. Jahrhunderts wurde es von Türken zerstört, im folgenden Jahrhundert von orthodoxen Christen wieder aufgebaut.

Man kann das Pantokrátormassiv von Norden und von Osten erreichen. Der nördliche Weg steigt nicht so spektakulär an wie der östliche, führt durch die Dörfer Peroúli, Loútses und Períthia, bevor die Schotterpisten beginnen. Der Weg von der Ostküste oder von Korfu-Stadt aus zweigt bei Pirgí von der Küstenstraße ab. In atemberaubenden Kehren geht es bis zur Höhe von Spartílas hinauf. Dieses Dorf klebt so eng am Hang, daß nicht einmal Platz für die sonst überall anzutreffende Plateía vorhanden ist. An einigen etwas breiteren Stellen der Durchgangsstraße spielt sich das öffentliche Leben ab. Wer zum Pantokrátor will, fährt die Hauptstraße weiter in westlicher Richtung bis zum Dorf Siourádes, wo der Weg rechts nach Strinílas abzweigt. Kurz vor dem Ort steht ein Wegweiser zum Pantokrátor.

Paläokastrítsa, der Ferienort an der Westküste Korfus, wird von allen Reisebüros als Ausflugsziel empfohlen. Tagesgäste und Dauerurlauber können an mehreren Stränden der buchtenreichen Küste baden. Zu unzugänglichen Badestellen sowie zu den Höhlen entlang der Küste verkehren in der Saison Boote. Auch Wassersport wird angeboten. Zudem kann man das Kloster der Panagía Paläokastrítsa vom Dorf aus zu Fuß erreichen.

Auf mehreren Ionischen Inseln stehen jahrhundertalte Olivenbäume. Das silbrig helle Grün der Haine gehört zu den prägenden Landschaftseindrücken auf Korfu, aber auch auf Lefkáda, wo unser Foto entstand. Olivenbäume können mehr als tausend Jahre alt werden. Erst im Laufe der Jahrhunderte erhalten ihre Stämme das gefurchte, vernarbte Aussehen, das Maler und Fotografen entzückt und vom Lebenskampf zu berichten scheint. Das Holz wird seit alters her zur Herstellung von Schüsseln oder Kochlöffeln benutzt. Es ist besonders hart und widersetzt sich der Bearbeitung. Nur wer das weiß, kann ermessen, welche Arbeit in einer Ikonostase aus Olivenholz steckt, wie man sie in kleinen griechischen Kirchen finden kann.

Jahr für Jahr nagen Wind und Wetter an den Sandsteinfelsen der Küsten im Nordwesten Korfus. Immer wieder brechen Stücke der Steilküste ab und stürzen ins Meer. Insofern schauen Stammgäste der Hotels bei Sidári gleich nach der Ankunft nach, ob ihre Lieblingsfelsen noch stehen oder wie sie sich verändert haben. Oben auf der Steilküste kann man Spaziergänge unternehmen und hat immer wieder neue, herrliche Ausblicke. Wo die Felsen kleine Buchten freigeben, findet der Wanderer Miniaturstrände, die noch einsam sein können.

Der Hafen von Kassiópi ist ein beliebtes Ausflugsziel im Norden der Insel Korfu. Die Gebäude und viele Boote säumen die nach Norden geöffnete Bucht. Nur wenige Kilometer entfernt sieht man in Richtung Osten die Berge Albaniens. Zum Schutz der Meerenge errichteten die Venezianer eine mächtige Burganlage, wahrscheinlich auf Fundamenten, die schon von den Römern gelegt worden waren. Rom nämlich gründete im Jahre 227 v. Chr. den ersten Hafen in Kassiópi als Zwischenstation auf dem Weg in die östlichsten Provinzen des einstigen Weltreichs.

Die Bucht von Kalámi ist kein berühmtes Reiseziel auf Korfu, obwohl der Ort im Nordosten einen guten Strand besitzt. Für Engländer gibt es in Kalámi eine besondere Sehenswürdigkeit, das „Weiße Haus", in dem der Schriftsteller Lawrence Durrell von 1937 bis 1941 lebte. Aus den Notizen Durrells in jenen Jahren entstand das klassische Korfu-Buch „Schwarze Oliven". Unter dem 29. April 1937 notierte Durrell: „Wir haben das Haus eines alten Fischers in Kalámi gemietet... Es hat den Zauber völliger Abgeschiedenheit." Ganz so abgeschieden ist der Ort heute natürlich nicht mehr.

Der Pantokrátor ist mit 906 Metern der höchste Berg auf Korfu. Während die Insel sonst überraschend viel Grün aufweist, wird die Gegend immer kahler, je mehr man sich dem Bergmassiv nähert. Die Ausblicke lohnen die Mühe des Aufstiegs. Bei klarer Sicht kann man die gesamte Insel überblicken, sieht im Nordwesten die vorgelagerten Ausflugsinseln Othóni, Mathráki, Erikoússa und Diapló, die westlichsten Teile Griechenlands, sowie in Richtung Osten die Berge Albaniens und der griechischen Provinz Epirus.

Sonnenuntergänge sind überall in der griechischen Inselwelt ein Erlebnis. Viele Besucher schwören auf den Genuß der Abendstunden auf einer der Kykladeninseln oder auf Kreta. Kaiser Wilhelm II. hätte ihnen widersprochen. Er schwärmte vom Sonnenuntergang auf Korfu, den er immer wieder betrachtete. Überall, wo auf Korfu der Blick in Richtung Westen auf das Meer frei ist, erlebt man das faszinierende Farbenspiel, das alle Schattierungen vom hellen Gelb bis zum tiefsten Rot durchlaufen kann und die Zypressen in dunkle, zuletzt schwarze Zeigefinger verwandelt, die zum Himmel weisen.

Die übrigen Inseln im Ionischen Meer sind nicht einfach „Ableger" der Hauptinsel Korfu. Jede Insel ist ein „Reich für sich", unterschiedlich in der Landschaft, im Charakter, auch in ihrer Geschichte. Selbst das gemeinsame Schicksal, einer Region anzugehören, in der „die Erde tanzt", wie ein Wissenschaftler bildhaft formulierte, wirkte und wirkt sich unterschiedlich aus. Das Ionische Meer liegt in einer Erdbebenzone. Die Inselchroniken weisen immer wieder schwere Beben aus. Kleinere Erdstöße werden fast wöchentlich registriert. Korfu blieb bisher nahezu verschont. Häufiger und schlimmer betroffen waren aber in der Vergangenheit Zákynthos und das benachbarte Kephalloniá. Auf Kephalloniá blieb bei der letzten großen Katastrophe von 1953 nur ein Ort unversehrt, das Fischerdorf Fiskárdo. Auch das kleine Ithaka, nur wenige Kilometer von Kephalloniá entfernt, litt unter der Erdbebenkatastrophe von 1953. Im Hauptort Vathy gab es nach dem Beben keine intakte Straße mehr, und Zákynthos, das italienische Zante, das die Venezianer mit einem schmückenden Beinamen „Fiore di Levante" nannten, „Blume der Levante", verlor weitgehend seinen italienischen Charme.
Warum fangen die Insulaner immer wieder an, ihre Dörfer aufzubauen, wenn ihnen die Geologen sagen, daß sich die Erde nicht so bald beruhigen wird? In anderen Gegenden sind die Menschen fortgezogen, haben sich in neuer Umgebung sicherere Häuser gebaut. Ist es Heimatliebe, Trotz, Starrsinn? Sicher von allem etwas. Einer der ionischen Poeten antwortete: „Seht sie euch an, unsere Frauen; stolzere, aufrechtere werdet ihr nicht finden. Sie verkörpern den Neubeginn..."

Der italienisch-griechische Dichter Ugo Foscolo (1778-1827), hier auf einem Stahlstich von Luigi Paradisi dargestellt, stammte aus Zákynthos. Sein Grab mitten in der Hauptstadt der Insel ziert ein Marmorengel.

Fangen wir die Rundreise bei Zákynthos an, der drittgrößten der Ionischen Inseln. Sie ist nicht nur die „Blume", sie ist „ein Nest von Singvögeln", wie ein Poet formulierte. Es ist schon auffällig: Nirgendwo in Griechenland wurden derart viele Dichter und Musiker geboren wie auf Zákynthos. Dazu zählt der griechische Nationaldichter Dionysios Solomos (1798–1857). Solomos startete eine Revolution. Er schrieb seine Dichtungen in der Volkssprache, dem „Slang" der Bauern und Fischer, während in Parlamenten, Gerichten und an den Universitäten die Katharévusa, die Hochsprache der Gelehrten, gesprochen wurde, die dem Altgriechischen nahesteht. Die Volkssprache, die Demotikí, erhielt erst offizielleren Charakter, als der Rundfunk begann, Parlamentsdebatten zu übertragen und die Hörer ihre eigenen Abgeordneten nicht verstehen konnten. Solomos bekannte sich fast hundert Jahre früher zum Volk und ließ aus einem Dialekt eine gängige Sprache werden.
Man hat diese Leistung mit der Dantes oder Luthers verglichen. Solomos „Ode an die Freiheit" (1823) ist der Text der griechischen Nationalhymne entnommen, zu der Nikolaos Manzaros, ein Korfiote, die Melodie schrieb. Dionysios Solomos und seinem Dichterfreund Andreas Kalvos (1792 – 1869) hat der Staat ein eigenes Museum in Zákynthos eingerichtet. Aus Zákynthos stammte auch der europaweit bekannte italienisch-griechische Dichter Ugo Foscolo (1778–1827). Sein von einem Marmorengel geziertes Grab befindet sich im Vorgarten des Geburtshauses, mitten in der Innenstadt.
Die Insel Zákynthos, die mit ihrer Hauptstadt der Peloponnes gegenüberliegt, ist im Landesinneren bergig. Allerdings reicht die höchste Erhebung, der Vrachiónas, nur bis 756 Meter hinauf. Kleine fruchtbare Ebenen tun sich auf. Während die Küsten im Norden und Westen felsig sind, finden sich im Osten und Süden flache Buchten. Die größte ist die von Laganás. Im weichen warmen Sand legen die Caretta Caretta, die selten gewordenen Meeresschildkröten, ihre Eier ab, und damit beginnen die Probleme. Naturschützer kontra Tourismus lautet seit Jahren das konfliktreiche Thema. Zwar hat der WWF, der World Wide Fund for Nature, weite Teile des Strandes gekauft. Auch Naturschützer aus der deutschen WWF-Zentrale in Radolfzell sind vor Ort engagiert. Lokale Autoritäten, Hotel- und Imbißbudenbesitzer stört das wenig. Das Athener Umweltministerium, das Hilfe zugesagt hat, ist weit weg. Die Naturschützer haben mehrfach Prügel bezogen. Die Caretta Caretta wird zwar noch auf Badelaken oder Kacheln als Teil der heimischen Fauna gepriesen, ihr Lebensraum jedoch immer mehr eingeengt.
Traditionell lebt die Bevölkerung von der Erzeugung von Olivenöl, vom Anbau von Südfrüchten, insbesondere

Zitronen, und vom Korinthenanbau. Die kleinen kernlosen Beeren sieht man im Spätsommer überall zum Trocknen ausgebreitet. Der Name ist kein Zufall. Sie haben wirklich etwas mit Korinth zu tun, das auf mehreren der Ionischen Inseln im achten vorchristlichen Jahrhundert Kolonien gegründet hatte.

Auch Zákynthos hat seinen Schutzheiligen, einen eingeborenen, der 1547 hier das Licht der Welt erblickte. Dionysos wurde Erzbischof in Ägina, kehrte dann in Amt und Würden nach Zákynthos zurück. Sein Ansehen bei der Bevölkerung wuchs, als er dem Mörder seines Bruders verzieh und ihm sogar in seiner Kirche Zuflucht vor den staatlichen Häschern gewährte. 1703 wurde er heiliggesprochen. Am 24. August und am 17. Dezember werden seine Gebeine in feierlicher Prozession durch die Straßen der Hauptstadt getragen. Seine Kirche grüßt den Reisenden, der sich mit dem Schiff nähert, schon von ferne. Sie steht am Südende der Hafenbucht und ist am freistehenden Glockenturm, einem italienischen Kampanile, zu erkennen.

Viele der Kirchen sind nach dem Erdbeben von 1953 inzwischen wieder aufgebaut. Glück hatte in der Nähe von Agios Diónysos die Faneroméni-Kirche, deren ursprünglicher Bau in der Zeit um 1650 entstand. Fast völlig zerstört wurde dagegen am Nordende des Hafens die kleine Seefahrerkirche Agios Nikólaos. Hinter dem Kirchlein tut sich zur Landseite hin der größte Platz der Stadt auf, die neugestaltete Plateía Sólomou. Sie wird an der Nordseite von dem langgestreckten Bau der Stadtbibliothek begrenzt, während an der Westseite des Platzes das reich ausgestattete Museum liegt. Hier kann man neben religiöser Kunst und Malerei des 18. bis 20. Jahrhunderts – Zákynthos war im 16. Jahrhundert Zufluchtsstätte kretischer Maler, die der türkischen Besetzung entkommen wollten – auf frühen Fotos und Modellen das venezianische Zante studieren.

Nordwestlich der Plateía Sólomou, in der Nähe des Markusplatzes (Plateía Márkou) mit der katholischen Markuskirche, steht die wiederaufgebaute Kathedrale, die ebenfalls dem heiligen Nikolaus geweiht ist. Da sie beim letzten Erdbeben besonders schwere Schäden davontrug, ist vom alten Bau des 15. Jahrhunderts fast nichts mehr zu sehen. Auch der seitlich angebaute Glockenturm ist eine Neukonstruktion.

In einer Nebenstraße nördlich der Kathedrale liegt, von modernen Häusern fast verdeckt, ein architektonisches Juwel, die kleine Kirche „Kiría ton Angelón“, die Kirche der „Jungfrau von den Engeln“. Sie wurde 1687 errichtet, ist nur ein bescheiden wirkender Bau inmitten einer winzigen Grünanlage. Die Sandsteinreliefs in der Fassade sind jedoch von erlesener Schönheit. Auch die geschnitzte Ikonostase ist sehenswert. Allerdings ist die Kirche meistens verschlossen.

Wer die schöne Hafenbucht und die Hauptstadt im Überblick genießen will, muß einen Spaziergang von etwa einer Stunde zum Kastro, zur venezianischen Festung, unternehmen. Von der Stadt her ist die Burg kaum zu erkennen, da die Gebäude inzwischen verfallen sind und von Bäumen verdeckt werden. Oben aber hat man einen herrlichen Rundblick, was insbesondere den Sonnenuntergang unvergeßlich macht. Man verläßt die Stadt am nördlichen Ortsausgang und folgt dem Wegweiser Richtung Bóchali. Schon nach wenigen hundert Metern liegt links, etwas abseits der Straße, die kleine Kirche „Agios Geórgios Filikón“, errichtet im 17. Jahrhundert. Ihr Name erinnert an die „Filikí Etereía“, die „Gesellschaft der Freunde“, einen Geheimbund, der sich um die Wende vom 18. zum 19. Jahrhundert in Griechenland bildete, um die Befreiung des Landes von den Türken zu propagieren. Auf Zákynthos schworen die Freunde in diesem Kirchlein, für die Freiheit ihr Leben zu riskieren. Hinter der Kapelle befinden sich jüdische Gräber.

Bei der folgenden großen Straßenkreuzung biegt man links ein, weiter Richtung Bóchali. In diesem kleinen Ort hat man vom Vorplatz der Kirche „Panagía Chrisopigís“, der „Muttergottes zur goldenen Quelle“, schon freien Blick auf Zákynthos-Stadt. Nach einigen Linkskurven steht man am Eingang der Festung, wo sich nach Meinung der Forscher auch die einstige Akropólis, die Oberstadt, befunden haben soll. Das venezianische Kastell wurde Ende des 15. Jahrhunderts errichtet. Man erzählt sich, daß bei einem starken Erdbeben im Jahre 1515 die Burg in zwei Teile zerbrach und neugebaut werden mußte. Inzwischen stehen fast nur noch die alten klotzigen Außenmauern der früheren Festung.

Kephalloniá ist mit 782 Quadratkilometern die größte der Ionischen Inseln. 254 Kilometer mißt ihre Küstenlänge, zu der tief eingeschnittene Buchten, wie der zehn Kilometer ins Land führende Golf von Argostóli, beitragen. Kephalloniá hat die höchsten Gebirge der Inselgruppe, größtenteils bewaldete Berge, die im Änos-Massiv bis 1628 Meter ansteigen. Auf der Insel gibt es aber auch fruchtbare Gegenden, Täler und Hochebenen. Ihre Bergwelt zählt mit zu den schönsten griechischen Landschaften. Das mit den dunklen Kephalloniá-Tannen bewachsene Änos-Gebiet ist zum Nationalpark erklärt worden. Am Hang des Änos-Gebirges, bei Micháta, befindet sich das Kloster Agios Gerásimos. Es erinnert an den von der Peloponnes stammenden Mönch Gerásimos, der während der Besetzungen der Insel im 16. Jahrhundert in besonderer Weise für den orthodoxen Glauben kämpfte und Kindern heimlich die griechische Sprache und ihre Kultur beibrachte. Gerásimos starb an Mariä Himmelfahrt, dem 15. August des Jahres 1579. Er wurde 1622 heiliggesprochen. Im Historischen Museum der Hauptstadt befindet sich ein Miniaturporträt, das den Heiligen darstellen soll, der als Schutzpatron der Insel verehrt wird.

1953 wurden in mehreren Orten bis zu 90 Prozent der Häuser zerstört, insgesamt etwa 70 Prozent der Gebäude. Nur Fiskárdo im Norden blieb verschont, so daß man bis heute ein unversehrtes Fischerdorf besuchen kann. Argostóli ist erst seit 1757 Inselhauptstadt. Zuvor war dies die Ortschaft Kastro, etwa zehn Kilometer südöstlich von Argostóli gelegen. In Kastro sieht man die Reste der großen Festung Agios Geórgios, die mehrere Bastionen hatte. Sie wurde im 12. Jahrhundert, in byzantinischer Zeit gebaut, allerdings ab 1504 von den Venezianern erheblich verstärkt. Die Gebäude im Inneren der Festung wurden bereits bei den Erdbeben von 1636 und 1637 zum großen Teil zerstört. Das Beben von 1953 setzte das Vernichtungswerk fort.

Besiedelt war die Insel schon im Altertum. Die ursprünglichen vier Stadtgemeinschaften, nämlich Kráne, Pále, Pronói und Same, sind lokalisiert und

Der englische Dichter Lord George Byron (1788-1824) war einer der glühendsten Vorkämpfer der griechischen Freiheitsbewegung. Er starb zu Beginn der Befreiungskriege, allerdings nicht im Kampf, sondern an einem Sumpffieber. Das Gemälde von Thomas Phillips zeigt ihn in griechischer Nationaltracht.

zum Teil ausgegraben. Die Alten gaben der Insel den Beinamen „Tetrápolis“, Gebiet der vier Städte. Kephalloniá hat vier Häfen. Die wichtigsten liegen beiderseits des langen Golfes, nämlich Argostóli und Lixoúri. Beide Städte sind durch eine Fährlinie verbunden. Sie ist dem Landweg vorzuziehen, der nicht nur 30 Kilometer lang ist, sondern auch ausgesprochen beschwerlich. Als Häfen an der Ostküste sind Sámi und Póros dabei, der Hauptstadt den Rang abzulaufen, weil sie günstiger an den Schiffahrtswegen liegen: In Póros legen die Fähren von der Peloponnes an, in Sámi die aus Ithaka. Die Busfahrt von diesen Häfen in die Hauptstadt führt quer über die Insel, ist schon ein Stück Urlaubserlebnis, weil man die verschiedenen Bäume, im Frühjahr das blühende Grün der „Almen“ genießen kann.

Lord Byron (1788 – 1824), einer der glühendsten Kämpfer für Griechenlands Freiheit im 19. Jahrhundert, machte 1823 in Metaxáta auf Zákynthos Station. „Die Welt liegt im Krieg mit Tyrannen – und ich soll mich ducken? Die Ernte ist reif – soll ich innehalten und nicht mähen?“ schrieb er hier, vor seiner Weiterreise nach Missolónghi auf dem Festland, wo er starb – nicht mit der Waffe in der Hand, sondern am Sumpffieber. Begraben liegt er mit den Helden auf dem Friedhof von Missolónghi, denen Dionysios Solomos sein bekanntestes Lied widmete; die griechische Nationalhymne ist ein Teil daraus.

Vor Sámi ankerte 1571 die Flotte von Don Juan d'Austria, unter dessen Führung die christliche Liga die Seeschlacht von Lepanto in der Bucht von Nafpaktos gewann. Einer der damaligen Kriegsteilnehmer war der Dichter Cervantes. Der Verfasser des „Don Quichotte“ verlor bei der Schlacht einen Arm. Wegen ihrer kilometerlangen Sandstrände ist Kephalloniá nach Korfu die bedeutendste Insel für den ionischen Tourismus geworden. In der Nähe von

In der Seeschlacht von Lepanto 1571 feierten die Heere der Christenheit lange vor den Befreiungskriegen des 19. Jahrhunderts einen Sieg über die Truppen der Türken und ihrer Verbündeten aus Ägypten und Algerien. Heerführer der christlichen Flotte war Don Juan d' Austria. An der Schlacht nahm auch der junge Dichter Cervantes teil und wurde verletzt.

Fiskárdo und Asos leben noch die seltenen Mönchsrobben Monachus Monachus. Erwerbsquellen der Bewohner sind Weinanbau, Olivenölherstellung, Schaffzucht und Fremdenverkehr. Zur Beliebtheit Kephalloniás als Urlaubsinsel tragen neben den langen Badestränden auch Tropfsteinhöhlen, unterirdische Seen und Meeresgrotten bei. Kulturinteressierte finden in der Hauptstadt mehrere kleine, aber durchaus sehenswerte Museen. Hierzu zählt das Archäologische Museum mit prähistorischen und spätmykenischen Funden; letztere stammen aus mykenischen Kuppelgräbern, die auf der Insel entdeckt worden sind. Außerdem gibt es das Historische Museum sowie eine Sammlung schöner Ikonen in den Ausstellungsräumen der Bischofsresidenz.

Wer die relativ ruhige Hauptstadt besucht, über den täglichen Obst- und Gemüsemarkt gleich beim Busbahnhof bummelt, sollte einen Spaziergang zu den „Meeresmühlen" nicht versäumen. Der Weg geht Richtung Norden, immer am Wasser entlang. Nach einer halben Stunde kommt man zu dem Ort, der in alten Reiseberichten wie ein Weltwunder beschrieben ist. Hier standen mehrere große Mühlräder, die teilweise in den Boden eingelassen waren. In die felsigen Schlünde der Erde strömte das Meerwasser ein. Das nutzten findige Köpfe, um Unterwassermühlen zu betreiben. Wo das Wasser hinfloß, blieb rätselhaft. Angeblich unterquerte es die Insel und kam in der Höhle von Melissáni auf der entgegengesetzten Seite der Insel wieder heraus; nach manchen Schilderungen sogar als Süßwasser.

Beim letzten Beben wurden die Wassermühlen nicht nur zerstört. Die ganze Insel wurde etwa 30 bis 50 Zentimeter angehoben, wodurch sich die Wasserverhältnisse veränderten. In die Schluchten fließt jetzt nur noch ein Rinnsal. Eine der Mühlen wurde als Touristenattraktion wieder aufgebaut. Der Besitzer des Geländes machte aus der Not eine Tugend. Er betreibt nicht mehr die Mühlen, sondern ein Restaurant. Die Aussicht von hier auf den Argostolischen Golf ist so schön wie eh und je.

Noch ein weiteres Naturwunder wird auf Kephalloniá gezeigt. Südlich der westlichen Landzunge des Golfes, in der Nähe von Lixoúri, stehen die „Kounópetra", übersetzt die „beweglichen Steine". Angeblich bewegen sich die Felsnadeln im Wasser vor der Küste. Dies ist wahrscheinlich eine optische Täuschung, hervorgerufen durch Lichtspiegelungen. Darüber aber mit Einheimischen streiten zu wollen, ist sinnlos. Sie behaupten, die Steine wanderten; und wenn sie dies jetzt nicht mehr tun sollten, dann trage auch hieran „das verdammte Erdbeben" die Schuld.

Ihren vollen Zauber entfaltet die Hauptstadt der Insel Zákynthos am Abend, wenn man sie von der alten Burg oberhalb der Hafenbucht überblickt. Die Stadt am Ende der nach Osten offenen Bucht bildet das Zentrum der Insel, die von den Italienern den Beinamen „Blume der Levante“ erhielt. Viele Bezeichnungen erinnern an die venezianische Herrschaft. Sogar eine italienische Zeitung erscheint noch auf Zákynthos. In der Hafenbucht ankern große Fähren, die die Insel mit dem griechischen Festland verbinden.

Die Kirche Agios Diónysos am Fischereihafen ist das Wahrzeichen der Stadt Zákynthos. Der Anblick der Kirche des Schutzpatrons der Insel erinnert noch an die Zeiten, in denen die Republik Venedig hier herrschte: Der Glockenträger, etwa 40 Meter vom älteren Kirchenschiff entfernt, ist ein italienischer Kampanile. Das Gebäude hinter dem Kirchturm ist Teil eines Klosters. Der Ort erlitt 1953 schwere Erdbebenschäden. Manches alte Gebäude wurde nicht wieder aufgebaut. Bei den Kirchen hingegen ist fleißig renoviert worden.

Dem Besucher, der auf Zákynthos von der Hauptstadt aus Richtung Norden fährt, bieten sich atemberaubende Blicke. Zwischen Agios Nikólaos, dem nordöstlichsten Badeort, und der Spitze, dem Kap Skinári, kommt man per Boot an besonders bizarren Felsformationen vorüber. Die berühmteste ist die sogenannte „Blaue Grotte". Man wird mit dem Boot an manchen Stellen in die Grotten hineingefahren. Empfehlenswert ist der Ausflug am Morgen, weil dann das Licht die Grotte in tiefdunkles Blau taucht. Bootstouren werden von mehreren Ferienorten aus organisiert.

Schöne, weite Strände haben in den vergangenen Jahren auch auf Zákynthos zur Entwicklung des Fremdenverkehrs beigetragen. Zu den beliebtesten Badeabschnitten der Ostküste gehören die Regionen beiderseits der Hauptstadt bis zu den Kaps im Norden und Süden. Der Strand beim Kap Geráki an der Südspitze lädt zur Erholung ein.

I n der Nähe von Sámi auf Kephalloniá sind die bemerkenswertesten Tropfsteinhöhlen der Ionischen Inseln entdeckt worden. Geradezu spektakulär mutet die Höhle von Drago-ráti an, die sich südlich von Sámi, beim Dorf Chaliotáta, befindet. Die Höhle mit den phantastisch wirkenden Kalkgebilden hat eine derart gute Akustik, daß sie gelegentlich als Konzertsaal genutzt wird. Selbst der gefeierte Komponist Mikis Theodorakis ist hier schon aufgetreten.

Obwohl die Häuser mit ihren schmucken, frischen Anstrichen ein modernes Aussehen haben, ist Fiskárdo kein neuer Ort. Das Fischerdorf im Norden der Insel Kephalloniá ist im Gegenteil der einzige Ort, der die Erdbebenkatastrophe von 1953 unbeschadet überstanden hat. Insgesamt wurden damals 70 Prozent der Häuser auf der Insel zerstört. Fiskárdo und sein Hafen bieten im Sommer ein ausgesprochen lebendiges Bild. Außerhalb der Saison ist es ruhig. Dafür sorgt schon der weite Weg von den größeren Orten der Insel hierher.

In Asos kann man herrliche Ferien verbringen, wenn man Sinn für Ruhe und Romantik hat. Der kleine Ort „beherrscht“ die Landverbindung zwischen dem nördlichen Hauptteil der Insel Kephalloniá und einer vorgelagerten Halbinsel, die von einem venezianischen Kastell gekrönt ist. In der Nähe von Asos gibt es kleine Strandabschnitte. Ansonsten bieten sich Wanderungen zum Burgberg an, von wo man einen herrlichen Blick auf den Ort und die Berge der Insel hat.

Die Bucht von Mirtos bezeichnen manche Urlauber als den schönsten Küstenabschnitt der Insel Kephalloniá. Strände wie den hier abgebildeten findet man im Nordwesten der größten der Ionischen Inseln, südlich von Asos. Die Küste des „Kolpos Mirtou", der Bucht von Mirtos, ist nicht überlaufen. Abseits der großen Touristenströme entdeckt man noch ruhige Plätze.

Lefkas oder Lefkáda, wie die Griechen sagen, die viertgrößte der Ionischen Inseln ist eigentlich gar keine Insel. In Berichten antiker Schriftsteller wird sie als Halbinsel bezeichnet. Aber bereits die Korinther, die im 7. Jahrhundert v. Chr. auch hier eine Niederlassung gründeten, legten einen Kanal zwischen dem Festland und der Halbinsel an. Er ist nur wenige Meter breit und macht Lefkáda künstlich zur Insel. Früher waren Verteidigungsgründe ausschlaggebend. Heute hat der Inselcharakter für die Bewohner durchaus seinen Reiz. Allerdings muß die Rinne zum Festland wegen der Versandung immer wieder ausgebaggert werden. Eine sehr provisorisch aussehende Brücke verbindet die Insel mit der Provinz Ätolien auf dem Festland. Größere Fahrzeuge werden mit einer Fähre übergesetzt. Pkw und Motorräder fahren einfach über die Metallgitterkonstruktion, die auf flachen Kähnen ruht.

Eine Besonderheit ist auch die Festung Santa Maura, die den einzigen Landzugang schützen sollte. Sie liegt auf dem Festland, nicht auf der Insel selbst. Die fränkische Gründung aus dem 13. Jahrhundert wurde um 1300 durch die Grafen Orsini und später von den Türken vergrößert und verstärkt. Landschaftlich ist Lefkáda ein besonders anmutiges Stückchen Erde mit bewachsenen Hügeln, Felsen am Meer und vielen Buchten, engeren im Süden, weiter ausschwingenden im Osten. Einige Berge erreichen Höhen von mehr als tausend Metern, der Méga Oros (1012 m), der Stravrátos (1141 m), der Eláti (1088 m). Lefkáda ist als Urlaubsziel ausgesprochen beliebt, nicht nur bei Engländern, die den Hauptteil der Sommergäste stellen, sondern auch bei den Griechen, die, ohne eine Fähre zu benötigen, mit dem eigenen Wagen Inselurlaub machen können.

Lefkáda ist die einzige der Ionischen Inseln, die von den Türken erobert wurde und längere Zeit von ihnen besetzt war, immerhin von 1479 bis 1684. Erst dann kamen die Venezianer, die der Festung den Namen Santa Maura gaben und die Hauptstadt, gegenüber dem Festland, ausbauten. Eine antike Siedlung lag zwei Kilometer weiter südlich. In der Stadt kann man Beispiele des „ionischen Kirchenbarock", etwa die Kirche Agios Mínas, Anfang des 18. Jahrhunderts erbaut, mit den Ausmalungen von Nikólaos Doxáras, besichtigen. Der besondere Kirchenbaustil der ionischen Inselwelt besteht darin, daß die Gebäude nicht dem sonst in Griechenland vorherrschenden Typ der orthodoxen Kreuzkuppelkirchen folgen, sondern Langhäuser besitzen, freistehende Glockentürme aufweisen und häufig bemalte, nicht selten auch gewölbte Decken haben.

Die Gegend um Lefkáda ist geschichtsträchtig. Gegenüber von Préveza, der nächsten Bezirkshauptstadt auf dem Festland nördlich der Insel, liegt Aktion, das die Römer Actium nannten. Hier wurde im Jahre 31 v. Chr. eine Seeschlacht ausgetragen, die über den Besitz eines Weltreiches entschied. Octavian stieß mit der Flotte seines Rivalen um den römischen Kaiserthron, Antonius, zusammen, dessen Schiffe durch die Flotte der ägyptischen Königin

Auf einigen der Ionischen Inseln findet man selbst am Wasser nicht nur Scharen von Urlaubern. Ruhe und Beschaulichkeit sind mancherorts geblieben, wie hier auf Lefkáda, jener Insel, die eng mit dem Schicksal der Dichterin Sappho verbunden ist.

Kleopatra verstärkt wurden. Antonius und Kleopatra, ein Liebespaar der Weltliteratur; hier vollendete sich ihr Schicksal. Octavian besiegte die Flotte des Antonius. Als Kleopatra sich mit ihren Galeeren zur Flucht wandte, war der Traum vom Kaiserthron in Rom ausgeträumt. Die Liebenden begingen Selbstmord.
Zur Provinz Lefkáda gehören einige kleinere Inseln, darunter mehrere in Privatbesitz. Der Reeder Aristoteles Onassis kaufte zum Beispiel Skórpios, das von seiner Enkelin Athina und anderen Familienmitgliedern im Sommer noch immer zur Erholung aufgesucht wird. Der Küstenort Nídri, der Insel Skórpios gegenüberliegend, ist zum beliebtesten Urlaubsziel der Fremden geworden. Da Lefkáda nicht groß ist, kann man auch die Dörfer im hügeligen Inselinneren leicht mit dem geliehenen Zweirad oder dem Leihwagen erreichen; schmucke, beschauliche Orte, die zum Bummel oder zum Verweilen vor einem der einfachen Cafés, den Kafeneía, einladen.
Wer dabei erzählt, daß er aus Deutschland kommt, erfährt vielleicht auch von den Einheimischen etwas über den berühmtesten Deutschen, der je auf der Insel gelebt hat. Dies war der Archäologe Wilhelm Dörpfeld (1853 – 1940), der sich in seinem 1927 erschienenen Buch „Alt-Ithaka" darauf versteifte, die von Homer beschriebene Heimat des Odysseus sei nicht die Insel Ithaka, sondern vielmehr Lefkáda. Dörpfeld suchte Zeit seines Lebens nach Beweisen für seine Theorie, ohne sie zu finden. Er hatte sich ein Haus auf dem Vorgebirge von Agia Kyriakí bei Nídri gebaut. Dort wurde er 1940 auch begraben.
Dörpfeld focht es nicht an, daß antike Schriftsteller wie Thukydides von einer Halbinsel sprachen. Er scherte sich nicht darum, daß seine Kollegen, darunter auch Heinrich Schliemann, der Entdecker Trojas und Mykenes, ihn aus Homers „Odyssee" widerlegten. Dort beschreibt nämlich Telemachos, der Sohn des Odysseus und der Penelope, seine Heimatinsel so: „In Ithaka fehlen zur Fahrt die Bahn und die Auen. Geiß-Land ist es, und holder zu schauen als irgendein Roß-Land. Es bietet ein Eiland doch, das rings vom Meer bedrängt ist, Rossen nur wenig Raum, und Ithaka minder denn alle." Auf Lefkáda hätten Rosse „Bahn und Auen" gefunden.
Die südlichste Spitze der Insel läuft bei Kap Doukato in einen berühmten Felsen aus, den lefkadischen oder leukadischen Fels. Hier soll sich Sappho, die Dichterin und Erzieherin von der nordägäischen Insel Lesbos, in den Tod gestürzt haben. Angeblich aus Liebeskummer, aber wer will das nachweisen? Bekannt war der Ort schon vorher. Er ist die Stätte des „Katapontismos", des Sprunges ins Meer als Gottesurteil. Auch die Priester des Gottes Apollon, der hier mit einem Tempel geehrt wurde, sollen sich in grauer Vorzeit in diesem ungesunden Sport geübt haben. Allerdings fing der Gott seine Priester, wie es heißt, mit Schwanenschwingen wieder auf. Aus der „guten alten Zeit" wird jedenfalls nichts von tödlichen Unfällen berichtet.

Tatsächlich sollen manche Springer sich große lebende Vögel unter den Körper gebunden haben, die die Wucht des Sprunges milderten und dazu beitrugen, daß der Kühne mit dem Leben davonkam. Zum lefkadischen Felsen kann man sich nur mit Mühe und auf dem letzten Stück nur zu Fuß durchschlagen. Am südlichsten Punkt hat Wilhelm Dörpfeld in der Nähe des Leuchtturms Reste des Apollo-Tempels ausgegraben. Ebenso eindrucksvoll ist es, sich den 600 Meter hohen Felsvorsprung vom Meer her anzusehen, das heißt von einem Boot aus oder einer der Fähren, die dicht an der Insel vorüberfahren.
Ithaka, keine 100 Quadratkilometer groß, besteht aus zwei Bergmassiven, die durch eine nur 600 Meter breite Landenge verbunden sind. Laut Homer liegt hier die Heimat des Odysseus. Viele der Orte, die Homer in seinem großen Epos besingt, werden auf der kleinen Felseninsel, die durch landschaftliche

Der Archäologe Wilhelm Dörpfeld (1853 – 1940) hat viele Jahre auf Lefkáda gelebt. Er war überzeugt, daß die Heimat des Helden Odysseus, die Homer mit Ithaka angibt, nicht die gleichnamige Insel gewesen sein konnte, sondern Lefkáda. In der Wissenschaft blieb er mit dieser These allerdings allein.

Schönheit besticht, auf Wanderkarten erwähnt. Der amerikanische Archäologe Sarantis Simeonoglou, der seit Jahren auf Ithaka gräbt, glaubt, den Palast des Herrschers am Berg Aetos gefunden zu haben. Gleicher Meinung war schon Heinrich Schliemann, und auch der englische Kollege William Gell stimmt Simeonoglou zu.

Sappho, die griechische Dichterin, die um 600 v. Chr. lebte, stammte von der nordägäischen Insel Lesbos. Ihr Schicksal vollendete sich der Legende nach auf der Insel Lefkáda. Die Abbildung zeigt ihr Porträt auf einem Fußbodenmosaik in Pompeji.

In der Nähe des Aetos ist auch die Nymphengrotte zu finden, in der Odysseus nach der Überfahrt mit Hilfe der freundlichen Phäaken die Geschenke verborgen haben soll, um sich verkleidet dem Palast nähern zu können. Wer im Hauptort Vathy (oder Ithaka) Station macht, sollte den etwa vier Kilometer langen Weg zur Grotte zu Fuß zurücklegen. Der Weg in südwestlicher Richtung führt bergan, durch Olivenhaine hindurch, an kleinen Gehöften vorbei, allerdings auch an Schuttabladeplätzen. Der Blick zurück auf die buchtenreiche Küste begeistert immer wieder.

Auf Hinweisschildern ist die Bezeichnung „Marmaro spiliä“ (Marmorhöhle) zu finden oder „Cave of Nymphis“. Gemeint ist immer das gleiche Ziel. In die Grotte kann man ein paar Schritte hineingehen. Im Sommer, wenn sich das Geschäft lohnt, wird die elektrische Beleuchtung eingeschaltet. Mit Hilfe einer Leiter kann man dann ein Stück hinuntersteigen. Außen auf dem Fels sind Verse der Odyssee zitiert.

Die Bewohner von Vathy zeigen dem Fremden auch die Arethusa-Quelle, wo Odysseus seinen Sohn Telemachos getroffen haben soll. Der Listenreiche, der unterwegs durchaus süße Abenteuer genoß, fand seine Frau in Treue vor, obwohl Penelope von Freiern umringt war. Vielleicht erinnern wir uns an den Chansontext Friedrich Hollaenders über die Zauberin Circe, die den Weltenbummler behexte, dem nach langer Zeit im Gedenken an Penelope einfällt:„Vor ihrer Türe japsen 24 Freier; sie ist imstand' und nimmt sie alle in die Heia...“

Penelope tat es nicht. Auch sie wandte eine List an: Sie strickte täglich am Sterbehemd für ihren Schwiegervater Laertes, denn sie hatte geschworen, niemanden zu erhören, bevor dieses Totengewand nicht vollendet wäre. Tagsüber strickte sie, sichtbar vor aller Augen, nachts trennte sie die Tagesarbeit wieder auf. Nach Jahren wurden die Freier mißtrauisch. Immerhin war Odysseus 20 Jahre unterwegs; zehn Jahre dauerte der Kampf um Troja, weitere zehn verbrachte er auf seinen Irrfahrten auf der Suche nach der Heimatinsel. Gerade rechtzeitig, bevor die Freier zudringlich wurden, kehrte der Abenteurer heim. Beim Schweinehirten Eumaios gab er sich seinem Sohn Telemachos zu erkennen, kehrte zum Palast zurück und erschlug die Konkurrenten. Friede kehrte ein auf Ithaka – bis der Gelehrtenstreit begann. Ithaka, eine derart kleine Insel, Heimat eines so großen Helden? In homerischen Zeiten herrschte Odysseus allerdings nicht nur über das eigene Eiland, sondern auch über umliegende Inseln.

Heute kann man auf Ithaka beschauliche Ferien verbringen, herrliche Wanderungen unternehmen und über alte Geschichten nachsinnen. Die Insel war im frühen Mittelalter lange Zeit unbewohnt. Nach häufigen Überfällen durch

Seeräuber hatten die Bewohner das Tal zwischen den Bergen verlassen, waren nach Kephalloniá übergesiedelt, das nur wenige Kilometer entfernt ist. Erst als Venedig Ithaka vom Jahr 1500 an unter seinen Schutz stellte, kehrten einige Bewohner zurück. Heute leben hier etwa 4 000 Menschen. Geerntet werden Wein und Oliven. Für frischen Fisch sorgen die Bewohner mit ihren bunten Booten.

Griechische Kultur und Literatur waren den „alten Römern" vertraut. Diese Szene, ein Fresko aus einer Villa in Pompeji, beweist es. Sie zeigt den aus Troja heimkehrenden Odysseus, der sich seiner Frau Penelope zunächst nicht zu erkennen gab. Penelope hatte trotz vieler um sie werbender Freier 20 Jahre lang treu auf den Gatten gewartet.

Kíthira (Kythera) liegt so weit im Süden, daß zu den übrigen Ionischen Inseln keine Schiffsverbindung besteht und die Insel auch zu einer anderen Verwaltungseinheit zählt. Sie gehörte jedoch zusammen mit ihrer Richtung Kreta liegenden Nebeninsel Antikíthira in den Jahren des griechischen Freiheitskampfes zu den „Vereinigten Staaten der Sieben". Schiffsverbindungen bestehen mit Gythion am Fuße der Halbinsel Mani, ferner nach Monemvásia und Neapolis auf dem östlichsten Peloponnes-Ausläufer und nach Kreta. Die Fähren von und nach Kreta legen im Süden, im Hafen von Kapsáli an, die Schnellboote von Monemvásia 30 Kilometer weiter nördlich in Agia Pelagía. Wer von hier nach Kreta weiterreisen will, braucht ein Taxi, um ans andere Ende der Insel zu gelangen. Im Sommer fährt auch ein Bus. Für den Bedarf außerhalb der Saison lohnt sich der Linienbetrieb jedoch nicht.

Die kahle, waldlose, von Büschen und Sträuchern bewachsene Insel war in früheren Zeiten durchaus bekannt, sogar berühmt. Die Phönizier besiedelten sie, weil sie hier Purpurschnecken in großer Zahl fanden. Die kleinen Tiere waren damals begehrt. Sie lieferten Purpur, die Farbe für die königlichen Stoffe. Auf Kíthira wurden Färbereien eingerichtet. Porphiris oder Porphiroussa, die alten Inselnamen, erinnern an jene Zeit.

Die Hauptstadt Kíthira liegt im Süden, hoch über der Bucht von Kapsáli. Auf dem Felsen thront eine venezianische Festung, die Anfang des 16. Jahrhunderts erbaut wurde. In der zwei Kilometer entfernten Bucht herrscht im Sommer reger Badebetrieb. Man muß für einen Aufenthalt Zeit mitbringen, denn die Fähren fahren nicht allzu oft, im Sommer zwischen Kreta und der Peloponnes in der Regel nur zweimal pro Woche.

Die kleinste der Ionischen Inseln, Páxi oder Páxos, wird von vielen Korfu-Urlaubern als Ziel eines Tagesausflugs gewählt. In der Saison pendeln täglich Boote von Korfu-Stadt und von Kávos zu der zehn Seemeilen entfernten Insel. In Gaios, dem Haupt- und Hafenstädtchen, aber auch in Lákka und Longós, kann man Zimmer finden. Briten und Italiener sind Stammgäste. Wer sich in der Hauptreisezeit spontan entschließt, ein paar Tage auf Páxi zu verbringen, sollte sich rechtzeitig um ein Zimmer kümmern. Man läuft sonst Gefahr, im Freien übernachten zu müssen. Auch auf Páxi gibt es sehr schöne und ruhig gelegene Badebuchten. Per Boot kann man sich zu einigen Grotten in der felsigen Küste fahren lassen. Bootstouren werden auch zur kleinen Schwester Antípaxi angeboten, die nur drei Seemeilen entfernt ist. Die etwa 100 Bewohner von Antípaxi ernähren sich vom Fischfang und von der Schafzucht.

Da sie sich meist schnell herumsprechen, soll man mit Geheimtips vorsichtig sein. Auf Lefkáda allerdings kennen nur wenige Besucher die Felsen und den Strand bei Porto Kátsiki im Südwesten der Insel. Der Grund mag darin zu suchen sein, daß die Küste nur über schlechte Straßen beziehungsweise Schotterwege zu erreichen ist. Wer sich aber so weit vorwagt, genießt die Natur pur und fast ohne Reue: Den Reifen des Wagens tut die Fahrt allerdings nicht unbedingt gut.

In der Nähe von Póros auf Lefkáda ist die typische Natur der Ionischen Inseln noch ziemlich unberührt. Das helle Grün der Olivenbäume steht im Kontrast zu den dunklen Zypressen. In der Ferne erblickt man von Póros an der Südostküste aus die Berge des griechischen Festlands und die vorgelagerten kleinen Privatinseln. Wer die Natur hier genießen will, muß sich von den touristisch genutzten Orten aus auf eigene Faust aufmachen.

RESTAURANT
RESTAURANT O DASKALOS
Marlboro

Nidri an der Ostküste Lefkádas liegt 17 Kilometer von der Hauptstadt und damit vom Landzugang entfernt. Der Ort hat sich zum Touristenzentrum entwickelt. Insbesondere Engländer, aber auch Skandinavier und Deutsche verleben hier ihre Ferien. An der Hauptstraße reicht die Angebotspalette von der Taverne über Andenkenläden bis zur Zimmervermietung. Die Strände der Stadt sind flach und deshalb für Familien mit Kindern geeignet.

Nur wenige Kilometer von der Hauptstadt Lefkáda entfernt liegt Agios Ioánnis. Die langen Strandabschnitte vor dem flachen Land werden vor allem von Surfern geschätzt, denen die vorherrschenden Westwinde gelegen kommen. Im Ort selber ist die alte Kirche bemerkenswert, deren Tonnengewölbe eine Seltenheit auf den Ionischen Inseln darstellen. Das Gebäude stammt aus dem 14. Jahrhundert.

Achilleion
Einstiges Refugium von Kaiserin Elisabeth von Österreich (Sissi), errichtet 1890/91. Das Grundstück mit Park und Skulpturgarten kam Anfang des 20. Jahrhunderts in den Besitz Kaiser Wilhelm II., der es nach seinem Geschmack umgestalten ließ. Etwa 10 Kilometer von Korfu-Stadt entfernt, Busverbindung mehrmals täglich ab San Rocco-Platz (Linie 10).

Ärztliche Versorgung
Fach- und Allgemeinmediziner sind in allen größeren Orten vertreten. Das Allgemeine Staatliche Krankenhaus befindet sich in der Julias-Andreadi-Str.1 in Korfu-Stadt.

Anreise
Die Anreise zu den bekannten Ferieninseln geschieht am einfachsten per Charterflug. Korfu wird auch von der Lufthansa im Liniendienst angeflogen. Einreise per Schiff ab Brindisi, Bari und Ancona in Italien. Fährhafen auf dem Festland ist Igoumenítsa. Von Athen und Thessaloniki bestehen Busverbindungen mit Korfu, von Athen aus auch mit den übrigen Inseln im Ionischen Meer. Die Überlandbusse werden von den Fähren übergesetzt, so daß man bis zur jeweiligen Hauptstadt reisen kann.

Benítses
Der Urlaubsort Benítses im Osten Korfus wird überwiegend von Engländern und Skandinaviern besucht. Der schmale Kiesstrand ist im Sommer fast zu klein für den Ansturm der Gäste.

Camping
Wildes Campen ist nicht erlaubt, obwohl es für eine Nacht meistens geduldet wird. Campingplätze sind in der Regel gut ausgestattet, mit Duschen, kleinem Supermarkt, Cafeteria und Gelegenheit zum Wäschewaschen. Campingplätze auf Korfu gibt es in Arilas (Tel. 06 63/4 12 54), Gouviá (Tel. 06 61/9 14 17), Dassía (Karda Beach, Tel. 06 61/9 35 95 und Kormari, Tel. 06 61/9 35 87), Karoussádes (Tel. 06 63/3 13 94), Kontokáli (Tel. 06 61/9 11 70), Paläokastrítsa (Tel. 06 63/4 12 04), Pirgí (Tel. 06 61/9 32 82), Róda (Tel. 06 63/6 31 20), Ypsos (Tel. 06 61/9 32 46).

Dassía
Dassía ist ein Urlaubsort mit großem Freizeitangebot, bietet viele Sportmöglichkeiten, vom Surfen bis zum Tennis.

Erikoússa
Ausflugsinsel im Nordwesten Korfus mit schönen Stränden und Fischtavernen, erreichbar ab Sidári und Kassiópi.

Essen
Die Küche Korfus ist italienisch beeinflußt. Ein aus Korfu stammendes Hauptgericht ist Sofrito (geschmortes Rindfleisch). Spezialitäten sind ferner Pasticiada (Kalbfleisch) und Keftedes (Hackfleischklößchen). Als Erbe der Briten wird vielfach „Ariston", angeboten, eine Verballhornung von „Irish Stew". Es gibt unterschiedliche Arten von Speiselokalen. Die Taverne bietet heimische Küche, viele Vorspeisen, meist Wein vom Faß; hier kann man oft noch in die Töpfe gucken und auswählen. Im Estiatórion (Restaurant) wird nach der Speisekarte gewählt. Die Psistaría ist ein Grill-Lokal. Psarótaverna nennt sich ein Fischlokal. Im Zacharoplastíon (Konditorei) bekommt man Süßes. Überall hat inzwischen ferner die Pizzeria Einzug gehalten.

Feiertage
Allgemeine Feiertage, an denen Banken und Behörden geschlossen haben, sind 1. Januar, 6. Januar (Epiphanias), 25. März (Nationalfeiertag), 1. Mai, 21. Mai (Tag der Vereinigung der Ionischen Inseln mit Griechenland), 11. August (Tag des heiligen Spiridon), 15. August (Mariä Himmelfahrt), 28. Oktober (Nationalfeiertag).

Feste
Die prächtigsten Umzüge werden in der Hauptstadt zu Ehren des Inselheiligen Spiridon veranstaltet, und zwar viermal jährlich, am Palmsonntag (zur Erinnerung an die Rettung vor der Pest im Jahre 1629), am Ostersonnabend (zum Gedenken an das Ende einer Hungerkatastrophe im 16. Jahrhundert), am 11. August (Ende der Türkenbelagerung 1716) und am 1. Sonntag im November (1673 soll der Heilige Anfang November die Cholera besiegt haben). Auf den Dörfern werden folgende Feste begangen:
8. Mai: Marienfest in Kassiópi
8. Juli: Fest des heiligen Prokópios in Kavos und Lefkimi
20. Juli: Fest des Propheten Elias in Magoulādes
6. August: Fest im Pantokrátor-Kloster zu Ehren der Menschwerdung Christi
6. August: Kirchweihfest auf der "Mäuseinsel" (Pontikonísi)
23. August: Fest der wegweisenden Muttergottes in Gastoúri, Pélekas und Agii Déka

Folklore
Abendliche Tanzvorführungen gibt es in der Alten Festung von Korfu-Stadt, ferner im Dafnila Village bei Gouviá.

Glifáda
Beliebter Ort an der Westküste mit weitem Sandstrand.

Gouviá
Attraktives Urlaubsziel auch jüngerer Leute, mit allen Arten von Wassersport, Diskotheken und Nachtleben.

Igoumenítsa
Fährhafen für Korfu auf dem griechischen Festland, wenig Sehenswertes. Der Ort hat sich mit Schnellrestaurants am Hafen auf den Durchgangsverkehr eingestellt. In der Saison stündlich Abfahrten nach Korfu. Fährtickets gibt es im Kiosk am Hafen.

Ikonen
Ikonen sind ein schönes Souvenir. Die Frage der Echtheit stellt sich anders als bei uns im Antiquitätenhandel. Echt ist im Bereich der Orthodoxen Kirche jede Ikone, die nach den alten Regeln mit einem Tropfen geweihtem Öl in den Farben hergestellt wird; auch, wenn sie erst in heutiger Zeit entsteht. Alte, geweihte Ikonen aus Kirchen sind unverkäuflich. Beim Kauf neuer wertvoller Stücke sollte man sich ein Zertifikat mitgeben lassen, um bei der Ausreise keine Schwierigkeiten zu bekommen.

Informationen
Informationen sind in Korfu-Stadt am einfachsten im Kiosk der EOT (Griechischer Fremdenverkehrsverband) mitten auf der Esplanade zu bekommen. Die EOT-Zentrale befindet sich im ersten Obergeschoß des Hauses Rizospastou Nr. 12.

Ionische Inseln
Zu den Ionischen Inseln, den „Sieben Inseln", gehören Korfu, Páxi, Zákynthos, Kephalloniá, Lefkáda, Ithaka und Kíthira Kythera).

Ithaka
Ithaka ist laut Homer die Insel des Odysseus, 96 Quadratkilometer groß, hat etwa 5 000 Einwohner. Täglich besteht Fährverbindung mit Sámi auf Kephalloniá, von März bis Oktober wird auch die Strecke Vathy – Patras bedient. Auf der Insel können zahlreiche aus der Odyssee bekannte Natursehenswürdigkeiten besucht werden. Strände befinden sich östlich der Hauptstadt (Sarakíniko, Skínos) oder in der Dexiá-Bucht westlich von Vathy.

Kanóni
Die Halbinsel Kanóni, vier Kilometer südlich vom Zentrum Korfu-Stadt gelegen, ist berühmt wegen des Blicks auf die Bucht mit den vorgelagerten Inseln („Mäuseinsel", Kloster Vlachérnes). Vlachérnes ist durch eine Brücke mit dem Festland verbunden, ebenso der gegenüberliegende Urlaubsort Pérama. Zur „Mäuseinsel" besteht im Sommer Bootsverkehr. Von der Terrasse an der Endstation der Buslinie 2 aus kann man bei Kaffee und Kuchen den Verkehr auf dem internationalen Flughafen beobachten.

Kassiópi
Das einstige Fischerdorf Kassiópi im Norden ist zum Touristenzentrum geworden. Ausflüge werden zu den vorgelagerten Inseln Othóni, Erikoússa und Mathráki angeboten.

Kávos
Kávos ist der Touristenhauptort im Süden Korfus. Hier endet die Straße vom Norden entlang der Ostküste. Ausflüge werden per Schiff nach Páxi und Antípaxi organisiert.

Kephalloniá
Kephalloniá ist mit 780 Quadratkilometern die größte der Ionischen Inseln, hat etwa 30 000 Einwohner. Hauptstadt ist Argostóli, zweitgrößte Stadt Lixoúri, ebenfalls am Golf von Argostóli gelegen. Hafenorte sind auch Sámi und Póros. Ganzjährige Schiffsverbindungen bestehen zwischen Sámi und Patras, Póros und Killini auf der Peloponnes, jeweils mit direkter Busanbindung zur Hauptstadt. Schiffsverbindungen gibt es ferner zwischen Sámi und Vathy (Ithaka), Sámi und Korfu (im Sommer), außerdem verkehrt ganzjährig die Pendelfähre Argostóli - Lixoúri. In der Hauptstadt können das Archäologische und ein Folklore-Museum besucht werden, sehenswert sind auch die Meeresmühlen in Hauptstadtnähe. Im Südwesten von Argostóli und südlich von Lixoúri finden sich lange Strände.

Kíthira
Kíthira (Kythera), 285 Quadratkilometer groß, etwa 5 000 Einwohner, liegt im Südosten der Peloponnes. Sie wird aus geschichtlichen Gründen zu den „Sieben Inseln" gezählt, ist verwaltungsmäßig inzwischen jedoch abgetrennt. Schiffsverbindung besteht mit Neápolis, per Tragflächenboot auch ab Monemvásia (beides auf der Peloponnes). Im Sommer bedient die Linie Piräus – Peloponnes – Kreta mehrmals wöchentlich Kíthira. Zwei Kilometer südlich der Hauptstadt, wo auch die Kreta-Fähre anlegt, herrscht im Sommer reges Badeleben.

Klima
Auf den Inseln des Ionischen Meeres herrscht gemäßigtes Mittelmeerklima Die Höchsttemperaturen liegen im Juli/August bei über 30 Grad Celsius. Im Januar/Februar sinken in der Hauptstadt Korfus die Nachtwerte nicht unter den Gefrierpunkt. Frost gibt es nur in den Bergen.

Konsulat
Die Bundesrepublik Deutschland ist in Korfu-Stadt durch einen Konsul vertreten. Sein Büro befindet sich in der Guildford Straße 57, Tel. 06 61/3 14 53, Fax 06 61/3 14 50.

Korfu
Korfu ist die bedeutendste der Ionischen Inseln, mit 593 Quadratkilometern die zweitgrößte der Gruppe, hat etwa 100 000 Einwohner, von denen rund ein Drittel in der Hauptstadt lebt. Korfu ist seit Jahren eine beliebte Ferieninsel mit Urlaubsgebieten an Ost-, Nord- und Westküste. Der internationale Flughafen befindet sich in unmittelbarer Nähe der Hauptstadt, häufige Schiffsverbindungen bestehen mit Igoumenítsa auf dem griechischen Festland, im Sommer zusätzlich mit Italien, Piräus und Patras, Busverbindungen werden täglich mit Athen und Thessaloniki unterhalten.

Lefkáda
Lefkáda (Lefkas), mit 303 Quadratkilometern die viertgrößte der Ionischen Inseln, ist ein gebirgiges Eiland. Tourismus hat sich an den Küsten im Osten und Süden entwickelt, vor allem in Nídri, Vassilíki und Agios Nikítas. Die Hauptstadt Lefkáda liegt im Norden, der Festung Santa Maura gegenüber. Der geschäftige Ort besitzt wenig Sehenswürdigkeiten.

Licht- und Tonspiele
Licht- und Tonspiele werden während der Saison in der Alten Festung von Korfu veranstaltet, abwechselnd in verschiedenen Sprachen. Sie beleuchten die spannende Geschichte der „Sieben Inseln".

Literatur
Als persönlich gefärbter, dennoch authentischer Bericht über Korfu ist das Taschenbuch „Schwarze Oliven" von Lawrence Durrell zu empfehlen. Durrell lebte von 1937 bis 1941 auf Korfu. Homers Odyssee, die sich „vor Ort" reizvoller als zu Hause liest, gibt es in unterschiedlichen Übertragungen.

Mathráki
Die nordwestlich Korfu vorgelagerte kleine Insel Mathráki ist ein beliebtes Ziel für einen Tagesausflug von Sidári oder Kassiópi, ebenso wie die Nachbarinseln Othóni und Erikoússa.

Mirtiótissa
Manche Urlauber halten die Gegend um Mirtiótissa für die schönste Bucht Korfus. Das Wasser ist klar, es gibt schöne Sandstrände, aber auch steil ansteigende Felsen. FKK wird geduldet. Ausflugsmöglichkeit besteht zum Kloster Mirtiótissa.

Mon Repos
Das Schlößchen Mon Repos wurde um 1825 als Sommerresidenz der britischen Gouverneure im klassizistischen Stil erbaut und diente nach 1864 der griechischen Königsfamilie als Urlaubsdomizil. Es liegt zwei Kilometer vom Stadtzentrum Korfus entfernt. Eine Haltestelle der Buslinie 2 Richtung Kanóni befindet sich vor dem Eingang. Der von einem großen Park umgebene Besitz steht seit Abschaffung der Monarchie leer. Im Park sind Reste antiker Tempel gefunden worden.

Öffentlicher Verkehr
Der Busbahnhof für Athen, Thessaloniki und die entfernteren Inselorte liegt in der Nähe des Hafens, örtliche Buslinien verkehren ab San Rocco-Platz (Seitenstraßen), z.B. Nr. 2 nach Kanóni und Mon Repos, Nr. 10 zum Achilleion, Nr. 7 nach Dassia, Nr. 6 Richtung Süden. Fahrkarten gibt es im Pavillon direkt am Platz, hier auch jede Auskunft über den Fahrplan. Fahrkarten sind vorher zu lösen (am besten auch gleich für die Rückfahrt bzw. auf Vorrat). Das Busfahren ist preiswert.

Othóni
Wie Mathráki und Erikoússa ist Othóni eine beliebte Ausflugsinsel nordwestlich von Korfu. Es bestehen gute Bademöglichkeiten. In den Tavernen wird fangfrischer Fisch serviert.

Paläokastrítsa
Der beliebte Urlaubsort mit seinen Buchten und schroffen Felsen wird von allen Reisebüros empfohlen. Tagesgäste besuchen das Kloster auf dem Hügel, das 15 Minuten Fußweg vom Strand entfernt ist. Die Kirche und ein kleines Museum sind zu besichtigen.

Pantokrátor
Mit 906 Metern ist der Pantokrátor der höchste Berg Korfus. Das auf dem Gipfel liegende Kloster ist unbewohnt, zieht jedoch am Kirchweihfest (6. August) zahlreiche Besucher an.

Páxi
Páxi mit der Schwester Antípaxi ist die kleinste der Ionischen Inseln, nur 25 Quadratkilometer groß. Schiffsverbindungen bestehen im Sommer mit Korfu-Stadt und Kávos zusätzlich in der Saison mit Párga auf dem Festland sowie den Inseln Kephalloniá und Ithaka. Eine Bootsverbindung wird mit Antípaxi unterhalten. In den letzten Jahren hat sich etwas Tourismus entwickelt. Übernachtungsmöglichkeiten bestehen in Gaíos, Lákka und Longós.

Pélekas
Pélekas ist ein schönes Dorf im Inselinneren. In der Nähe des Ortes beobachtete Kaiser Wilhelm II. von einer Felsenplattform aus den Sonnenuntergang.

Pirgí
Pirgí hat sich zum modernen Touristenort im Norden der Ypsosbucht gemausert. In der Nähe findet man Kies- und Sandstrände.

Sidári
Sidári ist ein beliebter Touristen- und Hafenort im Norden mit Ausflugsmöglichkeit zu den vorgelagerten Inselchen Othóni, Mathráki und Erikoússa. Die markanten Felsen vor der Küste eignen sich als Fotomotiv und als Ziel für Tretboottouren.

Telefonieren
Kartentelefone gibt es überall an Straßen und Plätzen. Telefonkarten sind an den Kiosken und im Fernmeldeamt, griechisch OTE, erhältlich. Das OTE in Korfu-Stadt befindet sich in der Mantsarou-Str. 3. Vorwahl für Griechenland aus Deutschland ist 0030, Vorwahl für Deutschland aus Griechenland 0049.

Unterkunft
Hotels verschiedener Kategorien gibt es vor allem auf Korfu, und zwar sowohl in der Hauptstadt als auch in den Badeorten, daneben werden in den Ferienorten Privatzimmer angeboten. Ganzjährig geöffnete, vom Fremdenverkehrsverband empfohlene Hotels in Korfu-Stadt sind das Hilton (Luxusklasse, Tel. 06 61/3 65 40), das Kavalieri (Kategorie A, Tel. 06 61/3 90 41), das Olympic und das Alkinoos (beide Kategorie B, Tel. 06 61/3 05 32 bzw. 06 61/3 93 00), das Atlantis (Kategorie C, Tel. 06 61/3 55 60).

Zákynthos
Zákynthos ist mit 400 Quadratkilometern die drittgrößte der Ionischen Inseln, hat etwa 35 000 Einwohner. Die südlichste der griechischen Inseln im Ionischen Meer wurde wegen ihrer Schönheit von den Italienern „Blume der Levante" genannt. Touristische Ziele liegen im Süden, wo es Sandstrände gibt. Fährverbindung besteht mit Killini auf der Peloponnes, Flugverbindung mit Athen. Die Hauptstadt, beim Erdbeben 1953 weitgehend zerstört, wurde wiederaufgebaut. Schöne Strände finden sich bei Alíkes im Nordwesten sowie in der Bucht von Laganás. Im Norden liegt die berühmte „Blaue Grotte".

ZEICHENERKLÄRUNG
STASSENNETZ
IM BAU BEFINDLICHE STRASSE
ENTFERNUNGEN IN KM.
SCHIFFSVERBINDUNGEN
AUTO-FÄHREN
JACHTVERSORGUNGSSTATION
FLUGHAFEN
CAMPINGPLATZ
KLASSISCHE STÄTTE
BYZANTINISCHE STÄTTE
MITTELALTERLICHE STÄTTE
KLOSTER
GOLFPLATZ
ALBANIA
KERKIRA
Pandokrator
906
TO: ITALIA
TO: IGOUMENITSA - PAXI - PATRA
TO: PLATARIA - SIVOTA (MOURTO)
Cape Ag. Ekaterinis
Cape Drastis
Cape Lefkimis
Sidari
Peroulades
Avliotes
Agia Pelagia
Karoussades
Roda
Kassiopi
Agios Stefanos
Arilas
Afionas
Agios Georgios
Paleokastritsa
Lakones
Liapades
LIAPADES BAY
ANGELOKASTRO
SKELOUDI
Skripero
Ano Korakiana
Agios Markos
Spartilas
Nissaki
Barmbati
IPSOS BAY
Ipsos
Kato Korakiana
Dassia
Dafnila
Gouvia
GOUVIA BAY
Kondokali
LAZARETTO (GOUVINO)
PTIHIA (VIDOS)
Alikes
Potamos
Kanali
Analipsi
KANONI
PONDIKONISSI
Ermones
Vatos
Mirtidion Mon.
Glifada
Pelekas
VALLEY OF ROPA
Gianades
Sinarades
Perama
KAISER'S BRIDGE
Gastouri
Agii Deka
Benitses
Kato Garouna
Moraitika
Messongi
Agios Matheos
PRASSOUDA
GARDIKI
Vranganiotika
Panagia Messavrissi
KORISSION
Linia
Argirades
RIHONERIA
Agios Georgios
LAGOUDIA
GLIFONERI
Agia Varvara
Perivoli
Ano Lefkimi (Ringlades)
Lefkimi
LEFKIMI BAY
SALT WORKS
BOUKA
Potami
Melikia
Kritika
Neohori
Paleohori
Dragotina
Spartera
Kavos
ARKOUDILA
Panagia
Cave Asprokavos